욕
망
사
회

자
본
주
의
시
대
욕
망
의

이
면

욕망사회

성
정
모

지
음
·
홍
인
식

옮
김

머리말

50년 전 가족과 함께 브라질로 이민을 왔다. 본래 살던 곳과
는 전혀 다른 이곳에서 이민자로 살아가는 것은 결코 쉬운
일이 아니었다. 음식을 먹는 방법은 물론 모든 생활방식이
달랐다. 단순히 칼과 포크를 사용해 먹는 게 아니라 식재료
와 음식 맛, 식탁에서 지켜야 할 예의도 달랐다.

　당시에는 지금과 달리 지구 반대편에서 일어나는 일들,
다른 문화에 대한 지식이 거의 없었다. 그래서 브라질 사람
들에게 나는 다른 사람이라는 인식보다는 잘못된(틀린) 사
람으로 비쳐지곤 했다. 브라질에서 교육받고 예의 바른 사
람으로 인정받기 위해서는 브라질 사람이 되는 방법을 배
워야 했다. 그러나 가족과 브라질 한인사회에서는 한국 문
화에 따라 행동해야 했다.

　이것은 타국에서 살아가는 사람들이 공통적으로 경험

하는 일들이다. 어떤 사람에게는 고통스러운 경험이 되기도 한다. 그러나 다른 세계에 살기 위해서는 이 같은 '적응' 단계를 거쳐야만 한다.

우리는 타인에게 '좋은 사람'으로 인정받고 싶어 한다. 이러한 인정 욕구는 자신이 살고 있는 지역을 한 번도 떠나지 않고 사는 사람들에게도 마찬가지이다. 다른 사람, 특히 자신이 원하는 사람에게서 인정받고 싶어 하고 그들의 눈을 통해 자신이 누구인지 알고 싶어 한다. 이것이 이 책에서 말하고자 하는 내용이다.

우리가 어떻게 우리의 욕망, 특히 인정받음의 욕구를 조절하는지, 또 우리 사회는 이 과정을 어떻게 다루는지가 이 책의 주제이다. 여기에서 다루는 여러 주제들은 서구 사회에서 한국인으로 살아가는 개인적인 경험과 밀접한 관계를 갖고 있다.

나는 나의 정체성을 한국 여행을 통해 깨닫기 시작했다. 처음 한국을 방문한 것은 1998년이었다. 이후 여러 차례 반복된 여행을 통해 내 마음이 고향으로 돌아가고 있다는 생각을 하게 되었다. 그러나 지금의 한국은 더 이상 기억속의 모습도, 고향도 아니다. 어쩌면 이러한 생각은 우리 모두가 느끼는 것인지도 모른다.

　이 책은 2년 전 한겨레출판사와 가진 오찬에서 제안을 받아 시작되었고, 처음부터 한국 독자들을 염두에 두고 집필하였다. 또 다른 의미에서 이 책은 나의 과거와 현재를 접속하는 방편이기도 하다. 그렇기에 《욕망사회》의 출간은 개인적으로도 매우 기쁜 일이다. 이 책이 이 시대를 사는 우리의 욕망을 실현하는 데 도움이 되기를, 욕망사회에서 현명하게 살아갈 수 있도록 길을 비춰주는 빛이 되기를 바란다.

성정모

/ 차례 /

프롤로그
욕망사회

학교 정문에서 나를 발견한 여섯 살 난 아들이 쏜살같이 달려왔다. 아들은 수업이 끝난 후 쇼핑을 가기 위해 내가 오기를 기다리고 있었다. 나를 보자마자 아들은 미소 가득한 얼굴로 말했다.

"아빠 백화점에 가자. 살 게 있어."

사는 곳 근처에는 그리 크지 않은 백화점이 있었고 아들은 늘 그곳에 가고 싶어 했다. 나는 아들에게 말했다.

"뭐가 필요한데? 꼭 필요한데 집에 없는 물건이면 사러 가자."

아들은 내 말을 듣고 잠시 당황해하더니 이렇게 답했다. "지금은 뭘 사야 할지 모르지만 백화점에 가면 사고 싶은 게 무엇인지 알게 될 거야."

"백화점에 가면 알게 된다는 게 말이 되니? 그냥 집으로 가자."

나는 단호한 어조로 말했다. 하지만 아들은 수긍하지 않고 말했다.

"아빠는 지금 내 말을 이해 못하는 것 같아. 나는 무언가를 사야 해. 지금은 뭘 사야 할지 모르지만 백화점에 가서 둘러보면 알게 된다고."

아들은 주장을 굽히지 않았다. 나는 흥분하지 않고 차분히 아들을 설득했다.

"애야, 너는 지금 뭘 사야 할지 모르고 있어. 뭐가 필요한지도 모르고. 정말 필요한 물건이고 가지고 있지 않다면 그때 사기로 하자."

아들은 내 말을 들으면서 점차 인내심을 잃어버리기 시

작했다. 그리고 나를 설득시킬 말을 찾기 위해 노력하는 듯했다. 아들은 간청하듯이 말했다.

"아빠, 아빠는 나를 이해하지 못해. 내가 말했잖아. 백화점에 가서 보면 무엇을 살지 알게 된다고."

우리는 집으로 돌아왔다. 아들은 백화점에 가지 못해 시무룩한 표정이었다. 아마 아들은 나를 설득할 말을 찾지 못해 못내 아쉬워했을지도 모른다. 그는 나를 설득해 백화점으로 가서 무언가를 구입하지 못한 것을 안타까워했을 것이다.

15년 전 이야기지만 아직도 강의 때 이 일을 예화로 사용한다. 이 이야기가 주는 의미는 무엇일까. 아들과의 대화에서 볼 수 있는 첫 번째 문제는 '필요와 욕망' 사이에서 발생하는 혼돈에 대한 것이다. 아들은 '뭔가를 살 필요'가 있다고 말한다. 그러나 그가 의미했던 것은 '무엇인가를 사고 싶다는 욕망'이었다.

이것이 우리가 실제 삶의 현장에서 경험하는 혼돈의 상황이다. 나는 무엇인가 '바라고' 있을 뿐이다(많은 경우 우리는 바라는 것이 무엇인지도 잘 모른다). 그럼에도 불구하고 우리는 그것을 '필요'하다고 말한다. 필요라는 건 일반적으로 욕망과 관련된 어떤 대상과 연관되어 있다.

예를 들어 어떤 사람이 좋은 대학에 들어가고 싶어 한다. 그는 목표를 이루기 위해 열심히 공부해야 할 필요가 있다. 마찬가지로 누군가 외국으로 여행을 가고 싶어 한다. 그는 비행기 표를 구입해야 할 필요가 있다. 자기 돈으로 항공권을 구입하던지, 다른 사람에게 도움을 요청해야 한다. 이처럼 필요는 욕망, 혹은 바라는 목표, 대상과 자연스러운 관계를 갖는다. 만약 외국으로 여행가겠다는 욕망이 없으면 항공권을 구입하기 위해 돈을 벌거나 다른 사람에게 도움을 청할 필요가 없다. 이것이 필요가 욕망(바람)과 맺고 있는 관계다.

그러나 욕망은 전혀 다른 형태로 작용하기도 한다. 왜 해외로 여행을 가고 싶은가? 이 질문에 여러 가지로 답할 수 있다. 다른 나라를 알고 싶기 때문에, 혹은 외국에는 아름다운 곳이 많다는 이야기를 들었기 때문에 등. 하지만 이것은 타당한 근거를 갖지 못한다. 그래서 우리는 이렇게 말한다.

"그곳에 가고 싶다. 그것이 내가 바라는 것(소원, 욕망)이기 때문이다."

여기에는 더 이상 설명이 필요치 않다. 내가 원하기 때문이다. 각자의 소원(욕망)은 개인의 결단이며 개인이 누리는 자유의 산물로 간주된다. 만일 우리가 소원(욕망)하는 내용을 바꾼다면 이와 관련된 일들은 좀 더 복잡해질 수 있다. 특정한 것을 욕망하다가도 시간이 지난 후 마음이 바뀌어 더 이상 바라지 않는다. 이유도 모른 채 말이다.

우리는 욕망하는 것을 소유하기 위해 많은 노력과 비용을 지출한다. 그러나 시간이 지나면 그것을 더 이상 좋아하지도 사용하지도 바라보지도 않게 된다. 이러한 현상은 옷을 사는 행위에서 쉽게 찾아볼 수 있다. 즐겨 입던 옷이나 액세서리가 어느 순간 싫증이 나고 더 이상 착용하지 않게 되는 경험은 누구에게나 있다. 그 옷을 입는 것 자체를 부끄러워하기도 한다. 물건은 바뀌지 않았다. 그런데도 우리는 그것을 더 이상 원하지도, 예쁘다고 말하지도 않는다. 우리 마음이 변한 것이다. 감각은 왜 이렇게 빨리 변하는 것일까?

유행은 본래 그런 것이라고 말할 수 있다. 그러나 충분한 설명이 되진 않는다. 우리에게는 또 다른 궁금증이 생긴다. 그렇다면 유행은, 그리고 우리의 욕망은 왜 이렇게 빨리 변하는 것일까? 이 물음에 만족할 만한 답변을 찾는 건 쉬운 일이 아니다. 우리는 계속해서 무언가를 욕망한다. 무엇을 바라고 있는지도 모른 채 말이다. 아들의 경우와 유사하게 우리는 무언가 구입하고자 할 때 무엇을 사야 할지 모르는 순간을 경험한다.

우리는 우리가 바라는 게 무엇인지 잘 안다고 생각한다. 그러나 바라는 것을 소유한 후에도 많은 경우 실망한다. 소유하게 된 것이 자신을 완벽하게 만족하게 해주지 못한다는 사실을 깨닫기 때문이다. 물론 계속해서 쇼핑을 즐기고 있을 때 만족감을 느끼기도 한다. 어떤 경우엔 환희를 경험하기도 한다. 하지만 일정 시간이 흐른 후에는 공허해지고 우리의 욕망이 만족스럽지 않았음을 깨닫게 된다.

그래서 다시 공허함을 메꿀 무언가를 구입해야 한다는 필요를 느낀다. 또다시 욕망과 필요 사이에서 발생하는 혼돈의 상태에 빠지게 된다. 무엇을 원하는지도 모른 채 구입해야 할 필요를 느낀다. 결국 우리는 삶에서 경험하는 공허함을 메꾸기 위해, 우리의 절망과 고통을 극복하기 위해 끊임없이 욕망한다. 이를 위해 무엇인가 소유해야 한다는 생각에 깊이 빠져들게 된다.

시간이 흐르고 이 과정을 반복해서 경험하다 보면 나름대로의 답을 찾게 된다. 답은 무의식적인 형태로 우리 안에 형성된다. 의식적이고 이성적인 형태가 아니다. 하지만 하나의 해답으로 작용한다. 우리가 진정으로 원하거나 필요로 하는 것은 구입해야 한다는 것이다.

무언가 구입해야 한다는 욕망을 만족시키는 것은 우리를 기분 좋게 만든다. 무엇을 구입했는지는 중요하지 않다. 행위 자체가 중요하다. 아들은 무엇을 살지도 모르면서 무언가 사려고 했다. 하지만 이 일은 어린아이뿐만 아니라 성인들에게도 나타난다. 아들의 경우 어린아이였기 때문에 혼자 백화점을 갈 수 없었다. 그로서는 자신의 욕망을 아버지인 나에게 설명하고 실현하기 위해 도움을 요청했을 뿐이다. 그러나 아이가 성장하고 경제적인 능력을 갖게 되었을 때는 더 이상 나와 했던 것처럼 대화를 하지 않고 혼자 백화점에 가서 갖고 싶은 것을 구입할 것이다.

그런데 분명한 건 아무 것이나 우리가 바라는 욕망을 만족시켜 줄 수 없다는 사실이다. 원하지 않는 옷을 살 수도 있다. 경제적 사정에 따라 저렴한 것을 선택해야 할 때도 있다(유행이 지났거나 세일 상품일 수도 있다). 가격이 인하된 옷을 사는 행위는 필요는 채워주지만 욕망을 만족시켜주진 못한다. 유행이 지난 옷을 사는 행위는 욕망과 필요 사이에 존재하는 차이를 분명하게 한다. 그러나 많은 사람이 원하는 물건을 구입하고자 할 경우에는 욕망과 필요 사이의 관계가 보다 복잡해진다.

아들과의 대화로 다시 돌아가 보자. 아들은 자신도 모르는 무엇인가를 사기 원했다. 분명한 건 아무거나 사고자 했던 것은 아니라는 사실이다. 아들을 데리고 백화점으로 갔다면 그는 분명 비슷한 연령대의 아이들이 갖고 싶어 하는 것, 당시 유행에 뒤떨어지지 않는 것을 구입했을 것이다. 그가 사고 싶어 하는 것은 모든 사람들이 원하고 있는 물건일 확률이 높다.

우리가 구매 욕망을 만족시켜야 할 필요성을 느끼게 될 때, 우리는 욕망이 순수하게 필요성과의 관계에서 독특한 모습을 가진다는 것을 알 수 있다. 부엌 용품을 구입해야 할 필요를 느낀다고 가정해보자. 어떤 이유에서든지 그것을 사지 못한다면 필요를 충족하지 못해 실망하게 될 것이다. 그러나 필요한 것을 넘어 욕망하는 것을 구입하지 못하게 되고 그 욕망을 실현해야 한다는 필요성에 직면하게 될 때, 우리가 느끼는 실망감은 삶의 내면까지 영향을 미친다. 즉 욕망은 우리 삶의 내면 깊은 곳까지 영향을 미치고 있다는 것이다.

욕망하는 사람은 무엇을 바라는지도 모르면서 욕망하게 될 것이다. 모든 대상이 자신의 욕망 대상으로 보일 것이다. 또한 무엇을 욕망하는지도 모른 채 욕망함으로 인해 그 어떤 것도 자신의 욕망을 완벽하게 만족시켜주지 못하는 상황에 처하게 될 것이다. 그 무엇도 그들에게는 만족스럽지 못할 것이다. 그들의 내면 깊은 곳에서는 항상 공허함이 자리 잡고 무엇을 바라는지도 모른 채 끊임없이 무언가 구매해야 한다는 필요성에 사로잡힐 것이다.

그렇다면 무언가를 사고자 하는 욕구, 그것의 유익성도 모른 채 그저 구매 욕구를 불태우게 되는 이 같은 실존은 무엇을 말하는 것일까?

　나는 어린 시절을 한국에서 보냈다. 그 시절 한국은 가난했고 자본주의 사회였다. 그때에도 나는 어떤 욕구를 느끼곤 했다. 무언가 늘 사고 싶어 했다. 그것은 인간의 본질 중 하나이다. 그러나 정체를 알 수 없는 무언가를 사기 위해 백화점에 가야겠다는 필요와 욕망을 느끼지는 않았다.

　화려하게 장식된 상점에서 선호하는 상품을 구입하겠다는 욕망은 자본주의 사회에서 발생하는 고유한 현상이다. 이러한 욕망은 가장 사소한 것에서 시작해 삶의 깊은 곳으로 침투해온다. 그리고 그것은 인간 본성의 한 부분을 차지하게 된다.

　삶에서 욕망이 어떻게 작동하는지 이해하는 것은 건강한 삶을 영위하기 위해 필요한 기본 요소이다. 우리는 욕망하는 존재이다. 필요를 느끼는 존재임을 부정할 수 없다. 인간은 욕망에 의해 동기부여를 받고 움직인다. 단지 지금 원하는 것이 실질적으로 원하는 것과 일치하지 않을 뿐이다. 우리가 원하는 것은 다른 사람의 영향이거나 그렇게 욕망하도록 조종하는 외부 요인에 의한 것일 수도 있다.

우리는 우리가 원한다고 생각하는 것을 넘어 우리가 진정 원하는 것이 무엇인지 알지 못한다. 그것이 무엇인지 알지 못하면 사회의 영향, 특히 광고의 영향력에서 벗어나지 못하게 된다. 나는 인간의 행위를 유발시키는 욕망인 광고와 마케팅을 통해 이 사회를 '욕망사회'로 만든 자본주의를 성찰하는 데 도움을 주고자 이 글을 썼다. 욕망 중심으로 움직이는 사회는 우리를 욕망하게 만들어 무한 경쟁의 세계에 몰입하도록 만든다는 것을 깨달아야 한다. 이제, 무엇이 우리를 욕망하게 만드는지 그 속으로 들어가 보자.

1장

우리는 왜 욕망하는가?

소수의 것을 욕망하다

-캠핑카를 사는 행위

15년 전 〈월스트리트저널〉에서 어떤 기사를 보았다. 미국에서 '바퀴 위의 맨션'이라는 별명의 비싼 캠핑카가 인기 있는데 많은 사람들이 이 캠핑카를 구입하기 위해 줄을 선다는 것이었다. 기사에는 사람들이 더 이상 평범한 캠핑카가 아닌, 한 대에 12만 달러에서 80만 달러에 이르는 고가의 캠핑카를 원한다고 했다. 심지어 캠핑카 중 두 회사의 제품은 주문이 몇 달씩 밀려 있을 정도로 인기 있다고 했다.

오래전 기사라 요즘 사람들에게는 관심 밖의 일일지도 모른다. 하지만 이 기사를 언급한 이유는 흥미로운 인터뷰 때문이다. 50만 달러를 주고 '바퀴 위의 맨션'을 구입한 캘리포니아 주민의 인터뷰였다.

그는 구입하게 된 이유를 다음과 같이 말했다.

"캠핑카에 돈을 투자하는 것은 어이없는 일이다. 하지만 남들이 갖고 있지 않은, 소수의 사람들만 갖고 있는 것을 소유한다는 것은 멋진 일이 아닌가?"

이것은 무엇을 의미하는 것일까? 그는 캠핑카에 투자하는 것이 비합리적인 소비임을 스스로 인정하고 있다. 하지만 다른 한편으로 그것을 구입하는 게 멋진 일이라고 말한다. 캠핑카를 구입하는 것이 어이없는 일인지, 혹은 잘하는 일인지를 이해하기 위해서는 그가 했던 말에 내포된 상반된 두 개념에 유념해야 한다.

그가 구입한 것은 캠핑카이다. 이 움직이는 물건은 산이나 들로 여행을 가서 자연과 직접적인 접촉을 하면서 삶을 즐기고 캠핑을 할 수 있게 해준다. 또 호텔처럼 쉴 수 있고 음식을 요리할 수 있는 공간을 제공해준다. 이런 의미에서 캠핑카는 가끔 도시를 벗어나 자연 속에서 여유 있는 삶을 즐기려는 사람들에게 도움을 주는 도구이다. 은퇴한 사람, 또는 시간과 경제적 여유가 있는 사람들은 이 도구를 이용해 자연에서 즐길 기회를 일 년에 몇 차례씩 가질 수 있다. 그런데 최고급 캠핑카를 50만 달러씩 지불하면서 구입하는 것은 어떤 의미일까?

퀄리티 높은 휴가를 보내려는 사람들은 아무리 훌륭한 캠핑카라 해도 최고급 호텔에 투숙할 것이다. 캠핑카의 목적은 자연에서 삶을 즐기게 해주는 데 있다. 이 점을 감안한다면 캠핑카의 가치는 어디에 있는 것일까?

경제적 합리성의 관점에서 보면, 캠핑카를 구입하기 위해 50만 달러 이상을 지불하는 것은 합리적이지 못하다. 캠핑카는 구입 즉시 감가상각에 의해 가치의 30퍼센트를 상실하게 된다. 즉 50만 달러의 30퍼센트인 15만 달러가 구입 즉시 사라지게 된다는 의미이다.

많은 돈을 지불해 캠핑카를 살 능력이 있는 사람은 아마도 그에 준하는 책임을 요구받는 직장인이거나 그러한 일을 하는 사람일 것이다. 시간적 여유가 없는 사람일 게 틀림없다. 반대로 캠핑카를 구입하기 위해 몇 달 전부터 기다리는 사람들은 사업적 수완이 뛰어난 사람일 것이다. 그렇지 않다면 그렇게 많은 돈을 벌 수 없었을 것이다.

이처럼 경제적 합리성의 측면에서 생각해볼 때 높은 가격을 지불하고 캠핑카를 구입하는 일은 캘리포니아 주민의 말처럼 '어이없는 투자'이다. 정상적인 사고를 갖고 있는 사람이라면 훨씬 낮은 가격으로 캠핑카를 구입하려고 할 것이다. 하지만 이러한 합리적 사고에 의한 구매 행동은 초호화 캠핑카 구입에서는 작동되지 않는다. 오히려 "그럼에도 불구하고 이것은 멋진 일이다"라는 생각이 경제적 합리성이 뛰어난 그들의 구매 행위를 주도한 것이다.

우리는 그들이 어이없는 투자인 줄 알면서도 그 상품을 구매하는 이유와 과정을 이해해야 한다. 이것은 이들의 구매 행위를 파악하는 데 필수적이고 중요한 요소다. 여기서 중요한 사실을 발견할 수 있다. '멋진 일이야. 그것을 갖고 싶어'라는 비합리적인 생각이 구입하려는 상품의 '경제적 합리성'을 고려하는 생각과의 싸움에서 이겼다는 것이다. 그래서 그들은 구매와 동시에 가치가 하락하는 50만 달러짜리 캠핑카를 구입하는 데 기꺼이 투자한다.

　　이러한 의미에서 어떤 상품에 가치를 부여하는 것은 상품 자체의 효용이 아니다. 그것은 구매하고자 하는 사람의 '나는 다른 사람이 가질 수 없는 것을 갖고 있다'라는 감정이다. '바퀴 위의 맨션'을 소유하고자 하는 욕망은 캠핑카 자체의 가치로부터 발생하지 않는다. 많은 사람들이 그것을 소유하고 싶지만 소수의 사람들만 가능하다는 '사실'에서 발생한다. 다른 사람들에게 부러움의 대상이 된다는 사실이 '멋진 일'이고 우리의 소유욕을 자극한다. 즉 욕망의 비밀이다. 욕망의 비밀은 무엇이며 왜 생기게 되었는지 이해하기 위해 몇 가지 다른 사례를 살펴보자.

부러움에서 비롯되는 욕망

- 아이폰을 사는 행위

대다수 사람들은 사람들의 입에 오르내리는 물건을 가지고 싶어 한다. 욕망하는 대상은 서로 다르지만 그 안에 작용하는 논리는 동일한 것이다.

애플이 새로운 아이폰 모델을 발매할 때마다 매장 앞에 몰려드는 인파를 떠올려보자. 어떤 사람들은 며칠 전부터 매장 앞에 줄을 서서 발매 시간을 손꼽아 기다리기도 한다. 그들은 단순히 새 모델을 갖고 싶은 게 아니다. 그들은 새 모델을 소유한 첫 번째 사람이 되기를 욕망하는 것이다. 새 모델을 손에 쥐고 매장을 나오면서 줄을 선 사람들에게 자신이 산 아이폰을 보여줄 때, 그들의 표정에서 보이는 환희와 기쁨은 욕망이 이루어진 것에 대한 반응이다. 남들보다 먼저 아이폰을 손에 넣었다는 것이 얼마나 '멋진 일'인지에 대한 경험이다. 여기에서 욕망은 단순히 물건을 향하지 않는다. 그것은 '누가 제일 먼저 소유하느냐'의 경쟁에서 이기고 싶은 욕망을 향해 있다.

그렇다면 첫 번째로 물건을 소유한 사람들은 경쟁에서 이긴 걸까? 만약 사고자 하는 물건의 수가 한정되어 있다면 그럴 수도 있다. 한정된 물량을 먼저 소유한다는 건 다른 사람들이 그것을 소유하지 못한다는 걸 의미하기 때문이다. 유명 연예인의 공연이나 중요한 운동 경기 입장권을 구입하기 위해 며칠 전부터 줄을 서서 기다리는 사람들의 경우가 이런 의미에서 이해될 수 있다.

그러나 대량 생산하는 아이폰이나 그와 유사한 제품들은 경우가 다르다. 아이폰의 경우, 길게 줄을 서는 희생을 감내하고 제품을 구입했을 때 그들이 가질 수 있는 유일한 보상은 자신의 욕망을 다른 사람보다 조금 먼저 실현했다는 만족감뿐이다.

아이폰을 사기 위해 전날 밤부터 줄을 서서 기다리는 장면은 유튜브 등 각종 SNS를 통해 전 세계로 퍼졌다. 이 장면은 세계 각국의 주요 TV 뉴스로 보도되었다. 제품을 구입하기 위해 길게 늘어선 줄, 그리고 제품을 구입했을 때 그들의 얼굴에 드러나는 기쁨, 아직 제품을 구입하지 못한 사람들의 표정에 나타나는 부러움. 오늘 우리 시대를 보여주는 장면들이다.

만일 외계인이 아이폰을 사기 위해 다섯 시간째 줄을 서고 있는 어떤 젊은이와 대화를 나눈다면, 줄을 선 이들이 구입하려는 제품과 유사한 것을 이미 손에 쥐고 있다는 사실을 알고 놀라워할 것이다. 줄을 선 이들은 이미 전 모델의 아이폰을 가지고 있다. 외계인은 젊은이들에게 아이폰 6와 아이폰 7의 차이에 대해 물어볼 것이다. 새로운 아이폰을 구입하기 위해 이틀 전부터 줄을 섰던 열정적인 젊은이는 이렇게 답할 것이다.

"아이폰 7은 전 모델에 비해 20그램 정도 가벼워졌고 속도가 좀 더 빨라졌다. 이전 모델보다 앱을 3초 이상 빠르게 실행할 수 있다. 그 외에도 여러 가지 새로운 기능들을 장착하고 있는 모델이다."

이에 대해 외계인은 이렇게 질문할 것이다.

"이전 모델은 당신의 필요를 충족시켜주지 못했는가?"

젊은이는 대답할 것이다.

"그렇지 않다. 이전 모델의 모든 기능을 제대로 사용하고 있는 사람은 그리 많지 않을 것이다."

외계인은 마지막으로 질문할 것이다.

"전 모델의 기능도 제대로 다 사용하지 못했고 또 그 기능만으로도 충분한데 새로운 모델을 사는 이유가 무엇인가? 몇 그램 더 가벼워진 것과 속도가 몇 초 빨라진 것 때문인가?"

젊은이는 수년 전 내 아들이 그랬던 것처럼 평정심을 잃고 이렇게 답할 것이다.

"당신은 내 말을 제대로 듣지 않았군. 이것은 아이폰 7이다. 나는 이것을 반드시 사야 한다. 그리고 다른 사람들에게 보여줘야 한다. 이게 얼마나 멋진 일인지 이해 못하다니…."

오늘날 스마트폰 없이 살아가는 것이 얼마나 어려운 일인지 잘 알고 있다. 우리는 사는 지역과 상관없이 소통이 빠른 세계에 살고 있다. 스마트폰을 통해 언제든 사회 소통망에 연결될 수 있다는 사실에 안정감과 소속감을 느끼지만 스마트폰 없이는 일을 처리하는 데 많은 어려움이 따른다.

내가 지적하는 것은 현대인의 소비 패턴, 즉 자신이 현재 사용하고 있는 기계가 정상적으로 작동하고 있음에도 새로운 모델이라는 이유만으로 교체해야 한다는 욕망에 휩싸이는 현상이다. 원하는 것을 손에 넣었을 때 아무도 부러워하지 않거나 시샘하지 않는다면 그 물건은 욕망의 대상이 되지 못한다. 더 이상 '멋진 일'이 아니기 때문이다. 결국 마음 깊은 곳에서 허무함이 몰려오게 되고 또 다시 새로운 욕망의 대상을 찾아 나서게 된다. 이것이 돌고 도는 현대인의 소비 패턴이다.

사회적 지위로 바라본 욕망
-좋은 차를 사는 행위

2014년에 한국을 방문했다. 머무르던 중 국내 유수의 신학 대학에서 학생들을 가르치는 교수님들과 오랜 시간 대화를 나누었다. 그중 한 교수님은 미국에서 유학을 마친 후 얼마 전 귀국해 학생들을 가르치고 있었다. 그는 교수인 동시에 목사였다. 우리는 신학을 비롯한 다양한 주제에 대해 이야 기를 나누었다. 전 세계 기독교가 당면하고 있는 위기와 문 제들에 대해서도 이야기를 나누었고 오늘날 세계가 직면하고 있는 급격한 문화적 변화, 특히 최근 한국 교회가 맞닥뜨린 여러 문제에 대해서도 오랜 시간 대화했다. 이런 저런 이야기를 하다 그는 한국 사회에서는 자신이 소유한 차량이 사회적 지위를 말해주는 데 중요한 역할을 한다면서, 얼마 전 학생들과 나눈 대화를 말해주었다.

그는 학생에게서 "교수님은 왜 소형차를 타고 다니십니까?"라는 질문을 받았다고 했다. 그 말을 듣고 우연히 차를 봤는데 그리 작지 않았고 좋아 보였다. 하지만 학생 눈에는 교수라는 사회적 지위와 그가 소유하고 있는 차의 수준이 어울리지 않는 것처럼 보인 모양이다. 교수는 학생에게 "나는 내 수입에 걸맞은 차를 소유하고 있을 뿐이다"라고 답했다고 했다. 그러자 학생들의 반응은 더 놀라웠다고 한다. '어떻게 교수의 수입이 저 정도의 차밖에 구입하지 못하는 수준인가!'라는 반응이었다.

이 상황을 이해하기 위해 우리는 과거 교수에 대한 학생들의 평가가 어떤지 살펴봐야 한다. 대학 교수는 학생들에게 존경을 받아왔다. 특히 지역 사회에서 가치 있는 사람으로 존경받았다. 과거에는 존경과 명예가 경제적인 것과 직접적인 연관이 없었다. 대학 교수 또한 먹고사는 문제가 있고 돈이 필요하지만 이들이 받는 존경과 명예는 수입과는 관련이 없었다.

그러나 요즘은 그렇지 않다. 오늘날 자본주의 문화에서 전문인의 가치와 수입을 연관시키는 건 일반적인 일이다. 우리는 이렇게 생각한다. '만일 누군가가 자신의 일을 훌륭하게 수행했다면 많은 돈을 받아야 하는 게 당연하다. 그러므로 돈을 많이 번다는 건 자신의 일을 훌륭하게 수행했다는 것을 의미하고, 그가 사회에서 매우 가치 있는 일을 하고 있다는 사실을 증명해준다.'

즉 직업과는 상관없이 수입의 많고 적음이 직업의 가치를 구분하는 척도가 된 것이다. 어떤 사람이 돈을 많이 벌고 있다면 그는 매우 훌륭한 일을 하고 있으며 당연히 존경받아야 한다고 생각할 수 있다. 반대로 어떤 사람이 적은 돈을 벌고 있다면 그는 가치없는 일을 하고 있거나 능력이 부족해 자신의 일을 제대로 수행하지 못하는 것으로 간주된다.

교수이자 목사, 그리고 그가 타는 소형차. 이를 낯설게 여긴 학생들은 교수와 목사라는 직업이 명예롭다고 인식된 전통 사회의 가치관과 소형차로 대변되는 수입이 낮은 직업인에 대한 현대 자본주의 사회의 평가가 뒤섞여 혼란스러워했다. 학생들은 유명 대학의 교수로, 목사로 살아간다는 건 가치 있는 일이기에 높은 수입도 마땅히 뒤따라야 한다고 생각했다. 이러한 논리적 흐름에서는 교수님의 소형차는 상식적으로 납득하기 어렵다. 그의 수입이 높은 수준이 아니라면 교수와 목사로서의 삶은 가치가 없다는 결론에 도달하기 때문이다. 소유한 소형차는 벌어들이는 수입에 걸맞은 것이라는(교수의 수입이 학생들의 기대치와 달리 그리 높지 않음을 말해주고 있다) 교수의 답변은 학생들을 혼란스럽게 만들었다.

논리적 모순이 혼재한 상황(캘리포니아 주민이 고가의 캠핑카를 구입한 경우와 마찬가지이다)에서 학생들은 둘 중 하나를 선택해야 한다. 수입과 상관없이 교수와 목사의 직업적 가치를 인정할 것인가 아니면 수입 액수를 존경에 대한 가치판단 기준으로 받아들일 것인가.

가치판단 기준은 우리의 근본적인 욕망이 무엇인지 보여준다. 사람들은 고가의 차를 갖기 원한다. 많은 사람들이 원하지만 소수의 사람들만이 가질 수 있는 '멋진 일'이기 때문이다. 그러나 어떤 사람들은 교수나 목사가 되기를 원한다. 수입과는 별개로 그 일 자체가 가치 있다고 생각하기 때문이다. 가치판단 기준이 무엇인가는 우리가 진정으로 바라는 것이 무엇인지 분명하게 보여준다.

어떤 사람들은 다음과 같이 말할 것이다.

"사회적으로 존경받고 최고급 승용차를 구입할 수 있는 경제적 능력을 가진 교수 혹은 목사가 될 수는 없을까?"

높은 수입으로 부를 쌓은 교수와 목사가 있는 것은 사실이다. 연봉의 수준은 다양한 요소로 결정되기 때문이다.

여기서 말하고 싶은 것은 이러한 직업에 종사하는 사람들과 그 직업의 가치, 명예, 그리고 수입의 상관성에 대한 것이다. 오늘날 우리 문화는 경제적 능력이 사회에서 한 사람의 모습, 즉 직업의 중요성과 가치를 보여준다. 과거의 삶은 그렇지 않았다. 사람들은 과거의 삶과 문화가 어떠했는지 영화나 책을 통해 짐작할 수 있다. 또한 가치 중심으로 살아온 사람들과의 대화를 통해서도 가늠해볼 수 있다.

1장에서 분석한 세 가지 경우(캠핑카, 아이폰, 소형차)는 오늘날의 삶에서 필요와 욕망 사이에 발생하는 갈등이 얼마나 심각한지를 보여준다. 이제 우리는 우리의 욕망과 삶, 성취 사이의 관계, 판단 방법을 논하기 전에 인간의 기본적인 삶의 필요성과 욕망의 관계가 무엇인지 이해해야 한다.

2장

삶의 기본 욕구들

돈 많은
사람보다 꿈 꾸는
행복한 사람이
되고 싶어요.

나의 꿈 #놓치지않을거예요

지금 662.or.kr에서

생존 욕구

인간은 다른 생명체와 마찬가지로 여러 가지가 충족되어야 살아갈 수 있는 존재이다. 건강하고 신선한 음식을 먹어야 하며 수분을 섭취해야 한다. 온종일 소비한 에너지를 충당하기 위해 밤에는 휴식을 취하고 잠을 자야 한다. 또 자신의 몸을 외부 요인으로부터 보호하고 특히 추운 지방일수록 몸을 피할 만한 거처가 있어야 한다.

우리는 어떤 종류의 음식을 먹을지는 선택할 수 있지만

오랜 기간 먹지 않고 지내는 것은 선택할 수 없다. 음식과 수분을 섭취하고 각종 질병으로부터 자신을 보호하면서 우리의 몸을 지속적으로 보호할 필요가 있다.

생명은 물건처럼 안전한 장소에 보관해둔다고 유지되지 않는다. 우리는 생명을 갖고 있다. 그러나 그것이 물건을 소유하는 것처럼 소유하고 있음을 의미하는 것이 아니다. 과학자들은 생명이 무엇인지 이미 상당한 논의를 진행해왔고 다양한 분야에서 합의를 이루었다. 그러나 우리가 관심 갖고자 하는 것은 생명이 무엇인지가 아니다. 우리의 관심은 욕망과 인간의 삶 사이에 존재하는 관계성이다. 살아 있는 사람 중에 욕망이 없는 사람은 없다는 것에 우리의 관심은 집중된다. 인간의 삶은 욕망과 떼려야 뗄 수 없는 불가분의 관계에 있다.

생명, 특히 인간의 생명에 관해 논의함에 있어서 가장 용이한 방법은 어떻게 생명을 유지해 나가느냐에서 출발한다. 아메바에서 시작해 인간에 이르기까지 모든 생명은 자연에서 무엇인가를 얻으면서 종족 번식을 한다. 그런데 자연은 많은 경우 매우 거칠고 위협적인 모습으로 다가온다.

때로는 생명체의 생존을 불가능하게 만드는 환경을 조성하기도 한다. 생명체는 늘 생존의 위협을 받는다.

고양이의 경우를 들어보자. 고양이는 자신의 생존을 위해 강아지와 생쥐를 구별할 줄 아는 능력을 갖고 있어야 한다. 고양이는 이들을 직접 눈으로 보기 전에 강아지가 내는 소리와 생쥐가 내는 소리를 구별할 수 있어야 한다. 그렇지 않다면 고양이는 생쥐가 아닌 강아지 뒤를 쫓다가 아무것도 사냥하지 못한 채 돌아서게 될 것이다. 이러한 의미에서 환경에 대한 적절한 지식과 정보는 생존을 위한 필수 조건이다. 그래서 움베르토 마투라나와 프랜시스코 바렐라와 같은 저명한 생명과학자들은 "지식은 삶이며 삶은 지식이다"라고 말했다.

인간이 다른 생명체와 다른 점은 생존을 위한 본능이 매우 적다는 것이다. 반면 다른 생명체들은 생존을 위해 필수적으로 본능적인 지식을 충분히 갖고 태어난다. 그것은 그들의 유전자에 이미 각인되어 있다. 물론 출생 이후 생존을 위한 정보와 지식을 습득하는 고등 지식 동물들이 있지만 인간처럼 출생 이후 자신의 생존을 위해 정보를 습득해야 하는 생명체는 없다.

  인간은 생존을 위한 기초적이고 필수적인 정보와 지식을 습득하지 않고서는 생존 자체를 위협받는 생명체이다. 생존을 위한 지식을 습득하고 도구를 창조하는 것, 그것을 문화라고 부른다. 그 문화를 통해 인간은 자연으로부터 생존에 필요한 여러 가지 요소들을 생산해낸다.

본능적인 삶

우리는 문화가 어떻게 시작되었는지 자세히 알지 못한다. 그러나 문화를 만든 최초의 세대들이 생존을 위해 필요한 도구를 발명하고 그 지식을 후손에게 전수해주었다는 사실은 알고 있다. 인간은 이러한 도구 사용과 교육 외에도 공동체 안에서 살아가기 위한 기초적인 법칙을 배워야만 했다. 공동체 내에서 이런 일은 하지 말아야 하며 저런 일은 반드시 해야 한다는 것과 각자가 어떤 기능을 수행해야 공동체가 유지될 수 있는지 배워야 했다. 인간은 인간답게 사는 게 무엇인지 배워나가는 존재이다.

인간다운 삶을 살기 위해 지식과 정보를 학습해야 하는데, 인간이 다른 고등 생명체보다 복잡한 구조를 가지고 있음을 알아야 한다. 이러한 구조는 인간이 생존 문제를 해결하기 위하여 서로 비슷한 유형의 해결책을 모색하게 만드는, 본능 없이 태어나는 존재임을 보여준다. 모든 공동체는 공동체 내에서 발생하는 비슷한 유형의 문제들 ― 식량 생산, 주택 건설 등 ― 을 해결해야 한다. 그러나 인간 공동체는 똑같은 방식으로 문제를 해결하지 않는다. 비슷한 유형의 문제를 해결하는 방법은 공동체마다 다양하게 나타나는데, 이는 존재의 사회적 적응을 통한 풍요로운 생존 방식을 보여준다.

어떤 의미에서는 삶의 복합성과 그로부터 파생되는 다양성이 직접적으로 인간의 자유와 연결된다고 볼 수 있다. 우리는 특정한 유형의 삶을 살도록 정해진 존재가 아니다. 스스로 삶의 방식을 선택할 수 있는 존재들이다. 자유에는 (그것은 억압적인 사회관계에 있어서 제한될 수 있고 약화되어 질

수도 있다) 대가가 따르게 마련이다. 우리는 수많은 가능성과 기회, 그리고 그것을 선택할 수 있는 자유 앞에서 혼돈을 느끼기도 한다. 그러면 이제 인간이 공동체 안에서 어떻게 관계를 유지하는지, 그리고 어떻게 노동을 배워가는지 알아보자.

모방 능력

아이를 양육해본 사람들은 아이들이 새로운 것을 배우는 데 뛰어난 능력이 있다는 걸 알고 놀란 경험이 있을 것이다. 어떻게 아이들은 언어를 습득하기도 전에 스스로 깨우치고 배울 수 있는 것일까?

이 질문의 답은 인간의 모방 능력에서 찾을 수 있다. 우리는 몸담고 있는 공동체가 유지되는 법칙과 구성원들의 기대치에 부응하는 행동이 무엇인지 빠르게 학습할 수 있다.

모방 능력을 가지고 태어나기 때문이다. 처음에는 이러한 능력이 매우 생소하게 보일 것이다. 그리고 어떤 의미에서는 공격적으로 보일지도 모른다.

우리는 미개한 생명체들이 모방을 한다고 생각한다. 모방은 미개한 지능을 가진 생명체들의 특징이지 진화된 인간의 특징은 아니라고 생각한다. 미개한 생명체들이 모방하는 것은 틀림없는 사실이다. 그러나 인간도 모방 능력을 가지고 있다. 모방을 통하여 많은 것을 배워간다는 사실을 발견하게 된다.

물론 하등 동물의 모방과 인간의 모방은 차이가 있다. 인간은 다른 생명체와 달리 매우 복잡하고 복합적인 두뇌와 정신을 소유하고 있다. 그러나 그보다 중요한 차이는 인간은 자유로운 존재라는 것이다. 자연과 더불어 사는 인간의 모방 과정은 다른 생명체들보다 훨씬 복잡하고 섬세한 모습을 보인다. 양자 사이에 존재하는 모방 능력의 차이가 인간 존재에 있어서 중요하지 않다거나 도움되지 않는 것은 아니다. 모방은 인간에게 문제를 야기시키기도 한다(여기에 대해서는 차후에 자세하게 언급할 것이다).

모방 능력의 중요성은 플라톤과 아리스토텔레스 같은 고대 철학자들에 의해 강조되어 왔다. 그들은 학습 과정에 있어서 인간이 어떻게 모방을 통해 공동체 안에서 사회적 법칙에 따르는 행동 유형들을 학습해 나가는지 언급했다. 우리는 다른 사람들이 어떻게 행동하는지 눈으로 본다. 그리고 그것을 기억하고 모방한다.

발레 학교를 떠올려보자. 교수는 학생들에게 발레 동작을 시범으로 보여준다. 그러고 나서 따라할 것을 요구한다. 바로 이것이다. 학생들은 교수를 모방하려고 시도한다. 모방 능력이 없다면 학습은 매우 어려운 과정으로 인식될 것이다. 모방 없이는 새로운 세대가 학습 과정을 빠르게 거쳐가지 못할 뿐만 아니라 작업 내용을 이해할 수도 없다. 그렇게 되면 공동체는 생존을 위한 기본적인 필요를 충족해 나가지 못하게 되고 이로 인해 사회적 목표를 달성하지 못해 심각한 어려움에 직면할 것이다.

인간의 모방 능력에 대해서 학자들은 과학적 이론을 내놓는다. 신경과학자들은 인간의 뇌 안에서 모방 기능을 가능케 하는 신경물질을 발견했다. 그들은 이 물질을 '거울 뉴런'이라고 부른다. 사실 신경물질에 대한 과학적인 설명이 없어도 오랜 시간 동안 축적되고 전수된 인간의 지혜가 모방을 통한 학습이 어떻게 이루어지는지 보여준다.

어떤 사람은 우리가 서로를 모방하는 것이 사회적 조건에 의한 것이라고 말할 수 있다. 인간은 이러한 조건으로부터 자유로워야 하고 모방하지 않고 스스로 배워나가야 한다. 과학자들은 이 같은 가능성이 인간에게 있다는 데 동의하고 이 가설을 증명하기 위해 몇 가지 실험을 했다.

그중 두드러졌던 것은 갓난아기를 대상으로 한 실험이었다. 부모의 동의 아래 실행된 이 실험은 다음과 같다. 첫 실험은 아기가 분만실에서 눈 뜨기를 기다리는 것에서 시작됐다. 태어난 지 30분 후 아기는 눈을 떴다. 아기가 처음 본 것은 의사의 얼굴이었다. 의사는 혀를 내밀고 아기를 바라보았다. 흥미로운 것은 아기도 똑같이 입 밖으로 혀를 내밀어 의사에게 보여주었다는 사실이다. 의사의 행동을 똑같이 흉내 낸 것이다. 이 과정에서 아기는 외부의 영향을 전혀 받지 않았다. 아마도 아기는 의사의 행동을 모방한 것처럼 자신의 부모와 형제, 그리고 다른 아이들을 모방하면서 많은 것들을 학습할 것이다.

　모방을 통한 학습 과정을 충분히 이해해야 하는 이유가 있다. 그것은 '왜 오늘과 같은 삶을 사는지, 왜 욕망하며 살아가는지'를 이해하는 데 출발점이 되기 때문이다.

인정 욕구

인간은 먹고 마시는 생리적인 욕구와 자연의 위협으로부터 생명을 보호하는 일 등 삶의 기본적인 필요 외에도 다른 종류의 필요가 충족되어야 살아갈 수 있는 존재이다. 다른 사람으로부터 인정받는 것은 존재론적인 필요이다. 이것은 생존을 위해 반드시 필요하진 않다.

두 가지 종류의 필요조건에 대한 차이를 언급하면서 우리는 아브라함 매슬로Abraham Maslow가 제안한 사회적 구조에 영향받고 있음을 알 수 있다. 매슬로는 필요와 욕망 사이의 관계를 피라미드로 설명한다. 생리적인 필요(배고픔, 갈증, 수면 등)는 피라미드의 가장 밑바닥에 위치하고 있다. 그 위에는 안전을 향한 필요(집 안에서 안정을 느끼는 일, 안정적 심리 상태 등)가 있고, 생리적 필요와 안정적 필요 위에는 사회적 욕구, 사랑에 대한 욕구와 필요(포근한 안정감, 사랑받음, 소속감 등)가 자리 잡고 있다. 그 위에는 인정받음에 대한 욕구가, 정상에는 자기실현에 대한 욕구가 자리 잡고 있다.

매슬로의 피라미드는 다양한 종류의 필요가 있음을 알려준다. 아래에서 수직적으로 접근한다면 욕망은 생리적인 필요가 충족된 후 나타나는 것으로 오해할 수 있다. 즉 욕망은 기본적인 필요 충족 이후의 단계로만 설명된다.

그러나 욕망은 그렇지 않다. 욕망은 복잡하고 복합적인 구조를 가지고 있다. 욕망은 존재론적인 필요로 간주되지만 생리적인 필요로는 인식되지 않을 수 있다. 실제로 욕망은 물리적인 삶에 아무런 반향을 일으키지 않는다고 생각할 수 있다. 어린아이에 대한 연구사례가 보여주듯 자신을 돌봐주는 주위 사람들과 갖는 '시각적인 접촉'은 아이들에게 육체적, 심리적, 지능 발전에 있어서 커다란 성장을 가져온다.

전 유고슬라비아의 고아원 두 곳에서 자란 전쟁 고아들에 대한 연구는 환경이 발육과 성장에 얼마나 많은 차이를 가져오는지 보여준다. 두 고아원은 원생들에게 그들의 생리적 욕구와 필요를 충분하게 만족시키는 같은 종류의 음식을 제공했다. 차이가 있다면 원생들을 돌보는 직원들의 수였다. 한 고아원은 원생들의 심리적, 감성적 욕구까지 감당할 수 있는 충분한 직원이 있었던 반면 또 다른 고아원은 원생들의 생리적인 욕구와 필요에 국한하여 돌봐줄 수 있는 직원만 있었다.

얼마간의 시간이 흐른 후 심리적인 부분과 감정적인 돌봄을 받지 못한 원생들이 돌봄을 받은 원생들에 비해 발육 상태가 매우 나빴을 뿐만 아니라 기대 발육이 정상치에 미치지 못하는 걸 알 수 있었다. 지적 능력과 심리 발달에 있어서도 마찬가지였다. 반면 충분하게 감성적 돌봄을 받고 자란 원생들은 참혹한 전쟁의 환경에서도 발육 부진을 보이지 않았다.

아이들은 모든 것을 흡수하는 스폰지가 아니다. 오히려

상호관계를 통해 육체적, 지적, 감성적으로 성장하는 존재이다. 감정을 주고 받으며 서로 따듯하게 돌봐주는, 가치를 인정해주는 사람들과 관계가 없는 아이는 통전적 인격성을 가진 채 성장할 수밖에 없다. 어린 시절에 어떻게 사랑과 인정을 받았는지는 한 사람의 일생을 결정짓기도 한다.

인정의 중요성

관계의 부재는 어린아이들에게만 영향을 미치는 것이 아니다. 독방에 갇힌 사람의 극단적인 예는 인정과 존중받음, 인간관계의 부재가 얼마나 많은 영향을 주는지 알 수 있다. 독방에 갇힌 죄수가 갖게 되는 유일한 관계는 그를 감시하는 간수뿐이다. 간수는 조그만 구멍을 통하여 죄수의 안전을 점검하고 통풍구를 통해 음식을 제공하며 그릇을 수거해 간다. 죄수는 어떠한 경우에도 간수와 '눈과 눈을 마주치는'

접촉을 하지 못한다. 죄수는 간수뿐만 아니라 다른 사람과
도 접촉하지 못한 채 오랜 시간을 혼자 보낸다.

　인간관계와 접촉의 부재는 육체적, 심리적으로도 심각
하고 부정적인 결과를 초래한다. 우울증에 빠지게 되고 이
상태가 지속되면 정신분열증으로 발전할 수 있다. 여기서
문제는 단순히 갇혀 있다는 게 아니다. '눈과 눈을 마주치
는' 접촉, 즉 아이 콘택트는 인간의 두뇌를 자극해서 이로운
생화학 물질을 분비하는데 이것의 부재는 건강하고 정상적
인 삶을 불가능하게 만든다.

　앞에서 이야기한 과학적인 연구 외에도 우리는 일상에
서 이 같은 욕구와 필요를 느끼며 살아간다. 사랑하는 사람
에게 거부당한 사람의 경우를 생각해보자. 그는 버림받았다
는 배신감에 사로잡혀 삶의 욕구를 상실하고 집밖에 나가지
않으려 할 것이다. 그런 모습을 본 그의 어머니는 그에게 정
신 차리고 밖에 나가 기분을 전환하기를 종용할 것이다. 하
지만 그는 어머니에게 "무엇 때문에?"라고 답할 것이다.

　'무엇 때문에?'란 말은 그가 어떤 문제를 가지고 있는지
보여준다. 어떤 일을 하려고 할 때 우리는 늘 "무엇을 위하

여?"라는 질문을 하게 된다. 일상에서 벗어나게 만드는 정당한 이유가 있어야 한다는 의미이다.

거부와 버림받음의 감정, 혹은 실패했다는 느낌으로부터 회복되기 위해 우리에게 필요한 것은 '무엇 때문에'라는 목적 의식의 회복이다. "무엇 때문에?"라는 질문의 답을 찾지 못한다면 우리는 우리 앞에 놓인 삶의 문제를 극복하거나 해결하기 위한 투쟁력을 갖지 못할 것이다.

어떤 사람이 "왜 사는가"라는 질문에 답하지 못한다면 많은 것을 소유한 화려한 삶이라 해도 만족스럽지 못할 것이다. 더 나은 삶을 위한 투쟁력과 에너지는 왜 사는가에 대한 답이다. 즉 생존에 대한 이유와 확신은, 삶의 의미에 부합하는 삶을 살고자 하는 바람에서 나온다. 그리고 그것은 가치에 대한 인정받음과 깊은 연관이 있다. 삶의 가치를 느끼지 못하는 사람은 소중한 사람으로부터 자신의 가치를 인정받지 못했기 때문에 살아야 할 이유가 없다고 생각한다.

삶의 가치를 발견하는 것은 생존에 있어 근본적인 문제이다. 그렇다면 그 과정은 어떻게 이루어지는 걸까? 삶의 가치를 발견하는 사람과 그렇지 못한 사람 사이에는 어떤 차이가 존재하는 것일까? 즉 어떤 과정을 통해 생존력을 회복하고 자신의 삶에 가치를 부여하는 단계에 이르게 되는 것일까? 무엇이 우리를 다른 형태의 삶을 살아가게 만들까?

우리는 자신을 이해하기 위한 기본 요소가 무엇인지 보게 된다. 많은 사람들이 자신이 누구인지, 자신이 무엇을 원하는지 잘 안다고 생각한다. 그러나 스스로를 정확히 알 수는 없다. 거울 속의 나를 보게 될 때 나는 거울에 보이는 얼굴을 보고 있다. 그러나 그 형상은 내가 누구인지 보여주지 못한다. 나는 거울 속에 비치는 형상 너머의 존재이기 때문이다. 나는 내면 세계를 가지고 있다. 내면은 보이지도, 표현되지도 않는다.

우리는 다른 사람에게서 자신의 삶의 가치가 무엇인지 듣곤 한다. 삶의 가치를 느끼지 못해 무기력한 모습을 보여 내가 믿는 사람들에게서 위로와 격려를 받으면 자신을 새로운 관점으로 바라보게 된다. 존경하는 사람에게서 질책을 받을 때 우리는 스스로의 가치를 평가절하하게 되고 그 말을 듣기 전보다 무능력한 사람으로 간주한다.

인간다운 삶을 살기 위해서는 나를 잘 아는 사람들이 필요하다. 따뜻한 격려와 사랑을 통해 가치를 인정해주고 고귀함을 일깨워주는 사람이 없다면, 자존감은 제로에 가까워질 것이다. 그리고 그 상태가 지속된다면 최악의 경우 자살로 이어지거나 파멸의 길로 접어들 것이다.

존중과 사랑, 인간적인 대접을 받는 것은 인간에게 필요한 기본 요소이다. 그래서 어린아이들이 온전한 삶을 살기 위해서는 부모와 다른 사람들의 사랑, 따뜻한 돌봄이 필요하다. 이것은 성인이 된 후에도 마찬가지이다.

인정과 자존감

한국 여행 중 지하철 계단을 올라갈 때였다. 계단에 이슬람
교도가 기도하는 모습을 연상케 하는 사람이 보였다. 그는
계단 중간에 앉아 고개를 무릎 사이에 깊게 파묻고 있었다.
나는 시내 한복판에서, 그것도 사람들이 오가는 지하철 계
단에서 이슬람교도가 기도하고 있다는 사실에 매우 놀랐다.
충격이었다. 그러나 가까이 다가서면서 그가 기도하는 것이
아니라 구걸한다는 것을 알게 되었다. 앞에는 접시 한 장이

놓여 있었고 그 안에는 동전 몇 개가 보였다.

슬픔에 사로잡혔다. 세계 여러 도시를 다니면서 구걸하는 모습을 수없이 많이 보았지만 서울에서처럼 무릎을 꿇고 앉아 머리를 숙이고 손을 내밀어 구걸하는 모습은 본 적이 없었다. 구걸하는 사람들 대부분은 바닥에 앉아 지나가는 행인을 바라보며 손을 내민다.

나는 이 모습에 대해 어느 누구에게도 묻지 않았다. 그래서 이러한 모습이 일반적인지, 내가 본 사람만의 독특한 구걸 방식인지 알 길이 없다. 어쩌면 구걸하는 사람은 부끄러워서 사람들을 쳐다보지 못하고 얼굴을 감춘 것일지도 모른다. 비참한 상황을 연출함으로써 사람들에게 더 많은 동정을 얻으려 했는지도 모른다.

분명한 건 부끄러움과 모욕감은 한 사람의 인생에 깊은 상처를 남긴다는 것이다. 아마도 그런 경험이 없거나 그에 대해 한 번도 관심 갖지 않은 사람들은 쉽게 말할 수 있을 것이다. 가난한 사람은 자신이 원해서 가난하게 사는 것이라고.

지하철 계단에서 구걸하는 모습을 본 사람들 중에는 매

슬로의 이론을 인용하면서 배고픔의 문제(생리적 욕구)를 해결하는 게 급선무이고 자존감은 그다음 문제라고 생각하는 사람도 있을 것이다. 또 다른 사람은 구걸하는 사람이 다른 사람으로부터 존중과 인정을 받을 이유가 없는 사람이기에 그가 행하는 구걸 방식이 당연하다고 생각할 수도 있다. 이런 의미에서 사람에게 자존감과 인정받음에 대한 욕구는 불가분의 관계를 가진다.

생리적 욕구가 긍지나 자존감보다 더 긴급한 문제라는 건 의심의 여지가 없다. 인간은 오랜 기간 영양분을 섭취하지 않고서는 목숨을 유지할 수 없다. 이런 의미에서는 자존감의 상실이 한 사람의 생명을 앗아가는 건 아니라고 생각할 수 있다. 하지만 생리적 욕구를 해결하는 것에 국한되지 않는다. 누군가에게 인정받는 삶은 꼭 필요하다.

생리적 욕구가 굴욕적으로 행해졌을 때, 그리고 가난한 사람들의 문제가 진지하게 다루어지지 않는다면 그들의 아픔과 상처는 더욱 깊어진다. 이러한 상처는 치유에도 많은 시간을 필요로 하고 이에 대한 치유 방법도 다르게 이루어져야 한다. 음식의 공급은 육체적 허기는 없앨 수 있지만 내면의 상처를 치료하지는 못한다.

여기, 풍요로운 음식으로 가득 찬 식탁이 있다. 배고픔을 해결해줄 수 있는 화려한 식탁이다. 하지만 이 식탁에서 밥을 먹으려면 자신을 굴욕적으로 대하고 모욕을 주던 사람과 함께해야 한다. 뿐만 아니라 식사를 할 때 그가 나를 또다시 굴욕적으로 대하고 모욕줄 게 분명하다. 반면 그 옆에는 소박한 음식으로 차려진 식탁이 있다. 식사를 함께하는 사람은 위와 정 반대의 사람들이다.

두 개의 식탁 중 하나를 선택해야 한다면 우리는 두 번째 식탁을 선택할 것이다. 밥을 먹는다는 것은 맛있는 음식을 섭취하는 것 이상이기 때문이다. 이것은 우리가 살아가는 방식이기도 하다. 우리는 타인에게 모욕당하는 것을 원치 않는다. 우리는 인정받기 원한다. 그리고 인간답게 살기 위한 투쟁이 가치 있다는 것을 경험한다.

인간다운 삶을 포기한 사람은 인간 이하의 삶을 살게 된다. 생리적 욕구를 충족시킬 수는 있어도 인간으로서의 또 다른 욕구, 즉 존중받음에 대한 욕구는 충족시키지 못한다. 존중받음과 인정받음은 삶의 에너지이기도 하다.

만약 이 두 가지가 필요충분조건이라면 또 다른 질문을 해볼 수 있다. 인정받음이 중요하다면 그것은 누구에게 받는 것인가? 그리고 인정해주는 주체가 누구라도 상관없는 것인가? 인간적인 삶의 정의가 무엇인지 알고 있는가? 존엄성을 인정받기 위해 할 일이 무엇인지 알고 있는가?

이 질문에 대한 성찰을 다음 장에서 이어 가보자.

3장

욕망과 인정받는 삶

욕구의 필요성

헤겔은 "진정한 인간됨은, 인정받음에 대한 욕구가 생물학적 욕구보다 중요한 부분을 차지하는 순간 시작된다"고 말했다. 생존 본능은 모든 생명체에게 공통적으로 나타나는 것이지만 오직 인간만이 동물적 생존을 넘어서는, 인정받음에 대한 욕구를 충족하기 위하여 위험을 감수하는 존재라는 것이다.

인정받음에 대한 욕구가 인간의 기본 특성 중 하나일 뿐만 아니라 인간됨의 확증을 위한 필연적인 조건이라면, 욕구와 필요성 사이에 존재하는 복합적인 관계에 대해 언급해야 한다. 인간은 생존을 위해 생물학적인 조건을 충족시키지만 그것만으로는 충분하지 않다. 인간은 자신이 '살아 있음'을 느끼기 바란다. 그렇기에 타인의 존중과 인정을 원하고 그 필요성을 느끼는 것이다.

만약 인정받음이 사회로부터, 혹은 중요한 사람들로부터 거부당하게 되면 이를 위해 노력한다. 그러한 노력, 일종의 투쟁은 경우에 따라 위험에 빠뜨리기도 한다. 하지만 위험을 감수하는 것은 인간적인 모습이다. 기본적인 관계성을 좀 더 이해하기 위해 '인정받음'과 관련된 몇 가지 중요 사항들을 살펴보자.

인정하는 것과 인정받는 것

'인정recognition'이라는 말은 '인정하다recognize'라는 동사에서 비롯된다. 만일 내가 거리에서 누군가를 알아본다면 과거 나와 친숙했던 사람의 형상을 알아본다는 의미이다. 만일 내가 누군가의 목소리를 알아듣는다면 나는 다른 사람의 음성과 구별되는 그 사람만의 목소리, 독특한 음색을 알아본다는 의미이다. 또 내가 행한 실수를 인정한다면 나의 실수를 안다는 의미이다. 군인들이 상사에게 어떤 지역에 대해 알아보고 오라는 명령을 받았다면, 그 지역에 어떤 위험이 있는지 정찰하라는 의미이다.

이렇듯 다양한 의미를 가진 단어가 '인정'이다. 하지만 이 말에는 공통적인 의미가 있다. 바로 '알아보고자' 하는 주체와 객체가 존재한다는 것이다. 여기에서 발생하는 관계는 알아보는 행위의 주체자와 알아보고자 하는 객체 사이에 존재하는 '관계성'이다. 알아보고자 하는 대상, 즉 객체가 물건일 수도 있고 사람일 수도 있다. 어떤 사람의 얼굴, 또는 목소리일 수도 있다. 바로 그 사람이 '인정함'의 대상이 된다. 이러한 관계 속성에서 '나'는 행위의 주체가 된다. 인정의 행위가 실행되는 세계는 '나'를 중심으로 움직인다는 걸 알게 된다.

우리는 욕망을 말할 때 적용되는 논리가 변한다는 걸 깨닫는다. 욕망은 어떤 사람이나 물질 같은 대상을 향하는 것이 아니라 다른 주체의 '인정받음'을 향한다. 이 경우 욕구의 주체는 능동적인 위치에서 수동적인 위치로 변한다. '인정받음'의 욕구에서 '나'라는 주체가 욕구의 대상이 되기 때문에 '나'와 핵심 주체 사이에 존재하는 관계를 조절할 수 없다. '인정받음'의 욕구는 욕망의 세계에서 발생하는 일반적인 주체와 객체의 관계성과 다른 양상을 보인다. 주객관계를 언급할 때, 객체가 특정 사물을 의미하는 것은 아니다. 객체는 주객관계 안에서 인간이 될 수도, 사물이 될 수도 있으며 사물처럼 취급되는 다른 어떤 것이 될 수도 있다.

많은 사람 중 누군가의 얼굴을 알아본다고 가정해보자. 상대가 알아봄의 대상(객체)이라는 건 누구나 알고 있는 사실이다. 알아봄의 대상이 된 사람은 나의 '알아봄'의 행위에 아무런 역할도 감당하지 않는다. 이 과정에서 행위는 나의 알아봄과 기억력이다. 즉 과거에 내가 알고 있던 사람의 얼굴을 기억해내고 그 얼굴을 현재 내가 보고 있는 사람의 얼굴과 동일시하는 능력에 의존하는 것이다.

컴퓨터 기술이 발달한 요즘에는 군중 속에서 특정 인물을 찾는 프로그램도 존재한다. 이 경우 알아봄의 주체는 감시카메라 기능을 가진 컴퓨터이며 '알아보아진 사람'이 행위의 객체가 될 것이다.

사건의 발생 순서는 다음과 같다. 컴퓨터는 먼저 사람을 알아보고 그 사람을 군중 속에서 발견해낸다. 처음에는 이

순서가 바뀐다. 먼저 사람을 발견하고 그 후에 그 사람이 누구인지 알아본다. 발견된 사람이 누구인지 알아보기 전까지 그는 군중 속 한 사람일 뿐이다.

이 과정에서 주목할 것은, 한 사람을 보는 행위가 아니라 그 사람을 알아보는 행위가 많은 사람 중에서도 특별한 존재로 부각된다는 것이다. 알아보는 행위 이전에 그 사람은 아무런 의미가 없는 사람이었다. 알아봄의 행위가 나로 하여금 그 사람을 의미 있는 사람으로 보게 만든 것이다.

사람을 알아보고 발견하는 과정은 '인정받음' 욕구의 중요성을 깨닫게 해준다. 그래서 우리가 인정받음을 느낄 때에는 더 이상 군중 속의 '아무도no-body'가 아닌 '누군가some-body'라는 의미로 변한다. 그런데 인정받음의 욕구와 욕망의 논리 사이에 중요하고 근본적인 차이가 하나 있다. 인정받음의 욕구는 단순히 주객이 분리된 관계에서 발생하는 것이 아니라 주체와 객체의 관계에서 발생한다.

예를 들어보자. 나는 공동체 안에서 특정인에게 가치 있는 사람으로 인정받기 원한다. 이러한 의미에서 나는 욕망의 주체이다. 나는 특정인이 나를 인정해주기 바란다. 이것은 다른 사람으로 하여금 '나를 인정하는' 행위의 주체이다. 인정받고 싶은 욕망의 주체인 나는, 그 욕망으로 인해 욕망의 객체가 되어 있다.

이 관계의 복잡성은 단순히 주체, 주체와 객체 사이에 존재하는 혼란에서 비롯되는 게 아니다. 인정 욕구의 실현은 욕망의 주체인 나와 욕망의 대상 사이에 발생하는 관계성과 전혀 다른 특성에서 비롯된다. 만약 고급 자동차를 사고 싶다면 그걸 사기 위해 무엇을 해야 하는지 우리는 잘 알고 있다. 현금이나 신용카드가 필요하다는 사실, 그리고 그것을 사기 위해 대리점에 가야 한다는 것을 안다. 자동차를 구입할 만한 충분한 돈이 없다면 그것을 구입하기 위해 더 많은 돈을 벌거나 대출을 받아야 한다는 것도 안다. 원하는 자동차가 품절되었다면 구입하기 위해 기다려야 하는 것도 잘 안다. 주객이 분리된 욕망관계에서 나는 주체로서 욕망의 행위를 조절할 수 있는 위치에 있다. 그 결과는 욕망의 대상을 획득하는 데 필요한 모든 과정을 실현시킬 수 있는 나의 능력에 있다.

고급 물건을 갖고 싶은 욕망은 '모든 사람들이 갖고 싶어 하지만 가질 수 없는 것을 소유하는 멋진 일'이라는 생각에서 비롯된다. 하지만 그러한 욕망은 대상에 집착하게 만든다. 욕망의 동기는 대상 자체에 있지 않다. 그것은 많은 사람들이 욕망하지만 소수의 사람들만 소유할 수 있다는 사실에 기인한다. 우리는 욕망하는 대상이 가질 만한 것이기에 욕망한다고 말한다. 이러한 욕망의 삼각관계(다른 사람들이 욕망하기 때문에 그것을 욕망한다)에 대해서는 다음에 언급하겠다.

내가 어떤 사람이나 공동체로부터 인정받기 원한다면 욕망의 논리는 달라진다. 주체는 인정받고자 하는 욕구, 즉 욕망을 이루기 위해 필요하다고 생각되는 모든 과정을 실행하려고 노력할 것이다. 그러나 그 노력이 내가 원하는 결과를 가져다줄지는 미지수다.

타인에게 인정받기 원하는 나의 욕구는 어려움에 직면하게 된다. 타인이 내 요구에 기계적으로 반응하지 않아서인데, 이는 인정해주기를 바라는 타인(다른 대상)이 자유로운 존재이기 때문이다. 그러므로 욕망의 주체인 나는 타인이 나의 요구 사항에 응하도록 조절할 수 있는 능력을 갖지 못한다. 이러한 관계성을 이해하기 위해 각기 다른 세 가지 상황을 생각해보자.

인정받음의 가치
- 사람과 기계

인간의 모습을 한 로봇이 있다고 하자. 이 로봇은 사람들을 위로하고 가치를 인정해주는 기능이 있다. 어떤 사람이 인정받음에 있어 부족함을 느낄 때 일정한 비용을 지불하고 이 로봇에게 갈 수 있다. 간단한 지시에 따라 로봇은 웃음을 머금은 채 얼마나 소중한지 말해주고 위로할 것이다. 하지만 로봇이 달콤한 음성으로 말을 건넨다 해도 '인정받음'의 욕구가 충족되었다고 느끼지는 못한다. 로봇이 건넨 말은 진심으로 원한 것도, 사랑의 감정으로 건넨 것도 아니라는 걸 알기 때문이다. 로봇에게 부족했던 것은 무엇일까. 그것은 나의 내면을 이해해줄 로봇 내면의 부재, 즉 존재의 부재이다.

우리는 우리의 내면을 좀 더 이해하기 위해 사물과 기계가 어떤 관계성을 이루고, 서로를 어떻게 인정하는지 살펴봐야 한다. 당구 경기에서 두 개의 공이 서로 충돌할 때 결과는 물리적 법칙으로 이루어진다. 공은 충돌할 때의 속도와 각도에 따라 다른 결과를 갖는다. 물리적 법칙과 컴퓨터 프로그램을 이용한 계산을 통해 충돌이 가져올 수 있는 결과를 정확하게 예측해낼 수 있다. 이를 통해 두 개의 공 사이에 존재하는 관계성은 충돌하게 된 사건에 관여하는, 공의 외부 조건 안에서(사물은 내면을 가지고 있지 않기 때문에 외부 세계를 말할 수 없다) 이루어진다는 것을 알 수 있다.

충돌한 두 개의 공은 움직일 것이다. 그러나 공과 공이 부딪히는 순간 공과 공 사이에 ─ 서로를 인정하는 ─ 인정받음의 관계는 발생하지 않는다. 정밀한 기계처럼 서로 대화를 나눌 수 있다면 사이에 존재하는 관계성에 대해 언급할 수 있을 것이다. 비록 이 공이 사람처럼 내면 세계를 갖는 것은 아니지만, 서로를 인정하고 그가 관계하는 사람을 인간으로 인정할 수 있는 인공 지능을 갖고 있다고 상상해 보자. 물론 공 사이에 존재하는 관계성은 기계로 인정하는 능력을 의미한다.

우리가 태블릿, 혹은 컴퓨터를 와이파이에 연결하려고 할 때 연결 네트워크를 정하고 암호를 입력한다. 그러면 네트워크는 프로그램에 따라 입력한 정보를 확인한다. 즉 입력한 정보가 그가 이미 알고 있는 정보와 일치하는지 확인하는 것이다. 네트워크가 입력한 정보를 인식하게 되면 태블릿, 혹은 컴퓨터와의 관계성에 들어가는 것이다. 이것은 군중 속에서 우리가 이미 알고 있는 사람의 얼굴을 발견하고 알아보는(인정하는) 과정과 동일하다.

컴퓨터와 로봇 같은 최첨단 기계들은 네트워크에서 유입되는 정보를 인지하고 다른 사람에 의해 받아들여지고 인정되는 정보를 발송할 임무를 가지고 있다. 관계에 참여하는 주체들은 서로 맺고 있는 관계망들에 각기 다른 모양으로 관계성을 맺고 그에 대한 영향을 받는다. 모든 주체는 상대방에게 영향을 주기도 하고 영향을 받기도 한다.

그런데 기계들이 맺는 관계성은 사전에 프로그램화된 시스템에 의해 이루어진다는 것을 유의해야 한다. 복잡한 관계를 맺고 있다 해도 기계는 제작 당시 입력된 시스템에 의해 기능을 발휘한다. 모든 것은 사전에 입력된 정보 시스템에 의해 작동된다. 즉 기계는 자신이 처해 있는 환경에 따라 정보를 변경하고 행동하는 능력을 주는 내면 세계가 없다는 뜻이다. '자가 학습' 능력을 가질 수 있도록 설계된 기계라 해도 그렇다. 최첨단 컴퓨터가 자가 학습 과정을 통해 새로운 것을 만들어도 우리는 컴퓨터가 '인격, 감정, 내면 세계'가 없다는 걸 알고 있다.

기계 사이에 발생하는 관계성에서 파생되는 결과는 매우 단순한 모습을 지닌다. 그것은 이미 설계된 시스템으로 이루어진다. 그렇지 않다면 그 기계는 불량 제품일 것이다. 여기서 기계에 대한 판단 기준은 기계가 설계시스템에 의거하여 그 기능을 발휘하는가 혹은 그렇지 않은가이다. 기계는 시스템에 의해 기능하기 때문에 시스템에 저항하거나 그것을 거부할 수 있는 능력을 가지지 못한다(기계는 내면 세계가 부재한 존재이다).

로봇을 통해 '인정받음'의 욕구를 해결하고자 했던 사람의 경우로 다시 돌아가 보자. 주인이 로봇을 향해 정확한 명령을 내린다. 로봇은 명령 이전에 유입된 사전 정보시스템을 이해한다. 그리고 설계된 대로 명령을 수행한다. 사전 프로그램에 따라 그 사람이 듣고자 하는 말을 하면서 그와 접촉할 것이다.

로봇은 기능을 수행할 때 내면 세계에서 들리는 음성으로 행위를 바꾸지 않는다. 단순하게 자신에게 주어진 기능을 수행할 뿐이다. 사람이 기계처럼 기능한다고 생각해보자. 사람은 자신의 고유한 경험, 즉 외부 세계를 넘어서는 경험과 자신의 내면 세계에 영향을 주는 경험을 가진 존재이다.

우리는 구입한 기계의 기능을 잘 모르면 화가 난다. 나는 내 또래 사람들과 마찬가지로 최첨단 기계를 사용하는 세대와 다른 삶을 살아왔다. 신형 스마트폰을 구입한 후 아들에게 스마트폰 설정을 부탁하며 그것이 어떻게 작동하는지를 묻는다. 신형 기계의 기능을 제대로 이해하지 못해 화가 났던 경험이 있기 때문이다. 하지만 기계와 갖는 관계성이 우리의 내면 세계에 영향을 미치지는 않는다.

여기에서 궁금증이 생긴다. "왜 로봇에 대한 이야기를 계속하고 있는가?" 우리의 내면에 영향을 미치는 것은 다른 사람의 내면에서 나오는 무엇이다. 사람들은 인정 욕구를 만족하기 위해 많은 돈을 지불하면서 고가의 물건을 구입한다. 자신이 구입한 물건으로 만족을 얻지는 않지만 그 물건이 자신의 욕망을 실현시켜줄 중요한 역할을 한다는 것은 분명하기 때문이다. 그렇다면 인정 욕구를 충족시키지 않았을 때는 어떻게 되는 걸까?

불충분한 인정받음
-사람과 동물

주인이 집에 도착했을 때 기쁨을 감추지 못하고 꼬리를 흔들며 달려오는 반려동물의 모습은 익숙하다. 반려동물이 주인을 알아보고 주인 또한 자신을 알아보는 반려동물을 보고 즐거워한다. 특히 어린아이들이 더욱 즐거워한다. 반려동물이 보여주는 행복은 기계(로봇)와 다르다. 동물은 기계와 달리 자신의 내면 세계가 있는 존재다.

반려동물은 기쁨과 슬픔을 느끼고 특정 인물을 선호하

거나 두려워하기도 한다. 우리는 반려동물의 내면이 어떻게 기능하는지 잘 알지 못한다. 그럼에도 동물과의 관계성이 사람들의 내면에 영향을 준다는 것은 안다. 자신이 기르던 반려동물을 잃어버렸을 때 슬픔을 느끼는 것이 그렇다.

이처럼 사람과 동물의 관계성은 기계와 맺는 관계성과 질적인 차이가 있다. 그럼에도 모든 반려동물, 다른 동물과 갖는 관계성은 인간이 추구하는 인정받음의 욕구를 충족시키는 데 충분하지는 않다. 물론 반려동물이 외로움을 덜어주는 중요한 기능을 담당하는 것은 분명하다. 하지만 인간은 타인에게 인간으로서 가치를 인정받고 싶어 한다.

우리가 맺는 모든 관계가 이 욕구를 만족시켜주는 것은 아니다. 주인이 노예와 맺는 관계성을 생각해보자. 노예가 주인에게 존경을 표하지 않는다면 주인은 상당한 모욕감을 느끼게 될 것이다. 또한 해당 노예에게 폭력적인 처벌 및 행위를 자행할 수도 있다. 노예로부터 인정받지 못했다는 감정은 기계의 기능을 제대로 이해하지 못해 느끼는 분노와는 비교할 수 없을 정도로 주인의 내면 깊은 곳을 자극할 것이다.

하지만 자신보다 열등한 위치에 있는 노예로부터 받는 존경과 존중은 주인의 내면 세계를 만족시키지 못한다는 점에 주목해야 한다. 주인과 노예의 관계는 사회적 시스템, 즉 구조에서 비롯되는 관계로 주인은 노예와 비교할 수 없는 우월한 존재이고 노예는 열등한 존재로 간주된다. 노예가 주인을 존중하지 않는다는 것을 느낄 때 주인은 분노하면서 자신을 존중하도록 조치를 취한다.

한편 노예로부터 존중을 받아도 주인은 그들의 존중이 만족스럽지 않다. 첫째, 노예의 존중은 노예의 내면에서 자연스럽게 발생하는 것이 아니라 강제성을 띠고 있기 때문이다. 사전에 설계된 기계와 마찬가지이다. 기계는 부여된 기능 외에 선택의 여지가 없다. 기계는 자유가 없지만 인간은 자유를 가진다. 그러므로 노예가 자신의 존재, 즉 자유를 깨닫게 될 때 그들은 폭력적인 억압에도 불구하고 복종하지 않는다. 주인과 노예의 관계가 유지되면서 주인의 존재를 존중받기 위해서는 노예의 존엄성과 자유 요구에 대한 제압이 필요하다. 하지만 여기서 열등한 존재, 자유가 억압되는 존재로부터 존중받는 것은 주인의 욕구를 충족하지 못한다는 모순이 발생한다. 그러한 존중받음은 열등한 존재, '덜 인간적인' 존재에게서 오기 때문이다.

존중 욕구가 만족되기 위해서는 두 가지 조건이 충족되어야 한다. '누가 나를 존중하는가' 그리고 '왜 인간적으로 존중해주느냐'이다.

깊이 있는 존중

다른 존재로부터 인간적인 존중을 받기 위해서는 복잡한 과정을 거친다. 첫째, 존중받는 대상이 '열등한 존재'로 여겨지지 않는 사람이어야 한다. 그렇지 않으면 욕구를 충족시켜줄 만한 충분한 가치가 없다. 내면에서 자연스럽게 우러나오는 존중만이 우리의 내면을 감동시키고 존중받음에 대한 욕구를 만족시켜줄 수 있다. 강요된 존중은 어떤 경우에도 우리를 만족시켜주지 못한다. '자아 ego'로부터 존중받는다는 것은 인간답게 살아가기 위한 필요충분조건이다. 존중의 행위는 자유로워야 한다. 존중이 강요, 의무, 심지어 종속 관계에서 발생할 수 있는 압력에 의한 것이어도 안 된다. 나를 향한 존중만이 존중에 대한 필요와 욕구를 만족시켜줄 수 있다.

우리는 우리의 행위를 조절할 수 있는 능력을 갖고 있다. 인정의 결과는 능력, 재주, 또는 결단에 의해 달라질 수 있다(특히 자신의 실수를 인정하였을 경우). 그러나 다른 대상에 의한 존중받음의 욕구에서 나는 아무런 통제 능력을 발휘하지 못한다. 내가 다른 사람을 조정할 수 있는 능력을 갖고 있다면, 그 사람으로부터 오는 존중은 나의 욕구를 만족시켜주지 못할 것이다. 나에 대한 존중의 결단은 온전한 자유 행위로부터 발생되어야 한다. 존중받음의 욕구에 있어서 인간관계는 안정적이지 않다. 타인과 함께 살아가는 어려움은 이러한 인간관계의 불안정성에서 비롯된다.

존중받음의 필요와 욕구에 있어서 고려해볼 중요한 측면이 있다. 그것은 누구에 의해 존중받느냐이다. 우리는 삶에서 중요하게 생각하는 사람에게서 가치를 인정받고 존중받기 바란다. 중요하게 생각하지 않는 사람이 나를 거부하거나 존중하지 않아도 큰 모욕감을 느끼거나 상처받지 않는다. 그러나 그 반대의 경우, 부모님을 비롯한 가족이 나를 거부하거나 존중하지 않는다면 상처가 된다. 또한 이러한 경험은 남은 삶에 영향을 미친다.

일반적인 의미에서 우리는 자신이 가치 있는 인간이며, 존경과 관심의 대상이 될 자격이 있다고 생각한다. 이러한 필요 충족이 만족스럽지 않다면 우리는 회의적인 사람이 될 것이다. 그리고 실패감이나 좌절감에 빠지게 되고 공격적인 태도를 보일 것이다. 심지어 스스로 삶을 마감하는 극단적인 행위를 선택하기도 한다.

물론 이것은 기초적인 필요 충족과는 성격을 달리하고 있다. 그럼에도 우리는 지속적으로 특정인에게 인정과 존중의 필요 충족을 모색한다. 바로 여기에서 인정과 존중받음의 필요와 욕구가 만나고 일정한 관계를 형성한다. 인정과 존중받음의 필요를 말할 때 우리는 동물적인 삶을 위한, 기본적인 필요를 뛰어넘는 것에 대해 말한다. 즉 심리적인 차원의 생존과 연관된 필요이다.

'모든 것은 돈으로 사고팔 수 있다'는 생각이 만연한 사회에서 우리가 바라는 인정과 존중은 불가능한지도 모른다. 그러나 누구나 한 번쯤은 인정과 존중을 받았던 경험을 가지고 있다. 우리는 아이었을 때 부모를 비롯한 가족들이 사랑으로 안아주고 바라보았던 기억이 있다. 이러한 경험은 내면에 깊숙하게 자리 잡고 있다. 동물학자 콘라트 로렌츠는 갓 태어난 동물의 삶에 깊은 자국을 남기는 생애 첫 경험을 '각인'이라고 말한다. 콘라트의 생각을 토대로 많은 학자들은 인간의 삶에 자국을 남기는 '문화적 각인cultural imprinting'에 대해 언급한다.

　첫 문화적 경험은 삶의 전반에 깊은 자국을 남기게 되고 또 그 자국 위에 또 다른 경험에 의한 자국이 겹쳐짐으로써 한 사람의 삶의 유형이 결정된다는 것이다. 예를 들면 가부장적인 생각이나 사회적 선입견 등이 그것이다. 이러한 개념에서 생각해보면 어머니(혹은 그 역할을 대신하는 사람)로부터 비롯된, 대가를 바라지 않는 순수한 인정과 존중은 우리 삶에 깊은 자국(각인)을 남겼다. 그렇기에 성장해서도 이 같은 경험을 반복하고 싶어 하는 것이다.

사회적인 삶

지금까지 우리의 내면이 타인의 내면에서 나오는 행위에 의해 영향받고 그것이 어떻게 삶을 변화시켰는지 말했다. 현대 과학은 인간과 자연의 모습을 오직 외부 세계에 국한해 설명해왔다. 과학은 존재하는 모든 것을 수학적으로 표현한다. 이러한 배경에는 절대적인 통제가 가능하다는 전제가 있다.

과학이 추구하는 이 같은 생각은 근대 사상의 중요한 기초를 이룬다. 인간이 인지하고 인정하고 통제 가능한 대상만이 이성과 조화를 이룰 수 있다고 믿는 생각이다. 즉 인간이 능동적인 존재일 때 가치 있다는 생각이다. 그러나 인간은 능동적인 존재만이 아니라 수동적인 존재로도 살아간다. 인간은 다른 사람(대상)으로부터 인정받고 존중받아야 하는 수동적인 존재이다. 타인의 진심어린 인정과 위로가 필요하다. 이것은 존재의 근본 요소이기도 하다.

능동적인 존재로서 인간은 구체적인 방법론 없이는 살아갈 수 없다. 방법론에 대한 제시가 없는 삶은 가능하지 않다. 적당한 방법과 법칙 없이는 사회적인 삶이 가능하지 않다. 법칙과 지침이 존재하지 않으면 후 세대는 사회에 적응하기 힘들고 기존의 사회 구조 또한 혼돈에 빠질 가능성이 크다.

이것이 우리가 당면하는 모순적인 상황이다. 인정과 존중받음의 욕구와 사회적인 삶 사이에 존재하는 긴장관계, 즉 현실이다. 우리를 만족시키는 인정과 존중은 법적인 강제가 없는, 자유 행위에서 오는 것이지만 사회적인 삶은 '인정과 존중의 관계를 규정하는' 규칙과 방법 없이는 존재할 수 없다.

　다음 장에서 사회적 통제와 조정, 그리고 욕구 사이에 발생하는 관계에 대해 살펴보자.

— 4장 —

욕망의 다양한 형태

욕망의 다양한 형태

우리는 삶에서 욕망이 기능하는 일정한 형태가 있음을 보게 된다. 그 형태는 일반적인 현상으로 인간의 욕망이 무엇인지 보여준다. 우리는 두 종류의 모습을 갖고 있다. 태어나면서부터 갖는 자연적인 모습, 그리고 감정과 느낌의 필터 기능을 하는 모습, 즉 문화이다. 우리가 느끼는 욕망은 자라온 문화로부터 영향을 받는다.

익숙한 문화를 느끼고 바라봄으로써 경험하는 것과 이

미 알고 있는 것들이 자연스럽고 진정한 현실이라고 믿게 된다. 그러나 세계를 이해하는 또 다른 방법을 발견하면 두 번째 모습을 통해 보고 느끼는 존재임을 깨닫게 된다. 사회는 '어떤 방법으로 욕망하는가'라는 문제를 이해하기 쉽게 만든다.

100여 년 전의 선진 자본주의 국가와 50여 년 전의 후발 자본주의 국가에서 통용되던 욕망의 개념은 오늘과 매우 다른 것이었다. 당시 개인의 욕망은 매일의 삶, 혹은 삶에서 내려야 하는 중요한 가치판단 요소로 작용하지 않았다. 개인의 욕망 이전에 가족과의 관계에서 갖는 의무, 자신이 속해 있는 공동체와의 관계에서 발생하는 의무가 존재했다.

하지만 대다수 사람들과 공동체는 개인의 욕망을 넘어서는 공동체적인 의무를 강조한다. 명예는 다른 어떤 개념보다도 중요하게 여겨졌다. 아직도 다른 사회에서는 명예가 중요한 가치로 여겨지기도 한다. 극단적인 경우 명예를 지키기 위해 자신의 목숨을 끊기도 한다.

명예는 의무 수행을 제대로 할 때 얻어지는 것으로 간주되고 불명예는 의무 수행을 하지 않음으로써 발생한다고 여긴다. 과거에는 가족이나 공동체를 불명예스럽게 한 사람들이 추방당하는 경우를 쉽게 볼 수 있었다. 가장 불행한 예는 가족을 불명예스럽게 했다는 이유로 여성들이 심한 고통, 심지어 죽임을 당하는 경우이다. 이 경우 중요한 것은 정죄당한 여성이 부당하게 정죄당했는지, 그녀가 당하는 고통이 얼마나 심각한지가 아니라 가족의 명예가 존중되느냐 존중되지 않았느냐였다.

이러한 예는 당시 명예의 개념이 얼마나 중요한지 여실히 보여준다. 의무와 명예를 중심으로 형성하는 사회에서 '개인의 욕망'이 차지하는 자리는 많지 않다. 그것은 의무와 명예의 원리에 예속되어야만 했다.

존중받음의 욕망도 일반적인 규칙에 순응한다. 인정받음의 욕망은 명예라는 전제 조건과 이어져 있고 그것은 의무적인 실행에 의해 이루어진다. 이처럼 다른 사람에 의해 존중받고 인정받는 것은 자신의 의무를 실행함으로써 이루어진다. 존중받음의 욕구는 의무를 충실하게 실행하고 사회 구성원들에게 요구하고 있는 도덕, 윤리적 법을 잘 지킴으로써 얻어질 수 있다. 그리고 이것이 일반적으로 통용되는 논리로 받아들여졌다.

당시 사회에서 통용되던 논리를 좀 더 살펴볼 필요가 있다. 인정받음은 특정 사람들에게서 인정받고 싶다는 욕망을 한 사람의 구체적인 삶을 통해 이루는 과정이다. 그런데 의무 실행과 명예 중심적인 사회에서는 인정받음의 욕망이 법과 규칙의 준수를 통해 이루어진다. 따라서 이 욕구는 의무 실행을 통해 이루어진다. 여기서 욕구와 의무 사이에 존재하는 관계를 볼 수 있다.

인정받음과 의무 실행이라는 목적이 동행하고 있음을 보게 된다. 그리고 의무 실행이 반드시 개인 욕망과 관련 없음을 발견하게 된다. '개인의 욕망'에서 '나'라는 1인칭은 중요하지 않다. 사회적 의무가 개인의 욕망보다 중요한 사회에서는 독립적이고 주체적인 의미의 '나'는 존재하지 않는다. '나'는 사회 공동체의 일원, 그 사회의 통념과 법칙에 존속되어 있는 부분으로 이해된다.

이런 현상은 근대 가치관에 의해 규정된 사회에서 자란 세대들에게 매우 낯설게 받아들여질 것이다. 태어나면서부터 자신의 욕망을 실현하기 위해 투쟁하는 것을 자연스러운 것으로 배운 세대들에게 개인의 욕망보다 사회적 의무를, 사회적 이익이 개인 이익을 우선시하는 사회를 이해하기는 어렵다.

'개인의 욕망'이 사회적 의무에 종속되어 있다는 사실이 전근대사회에서 절대적으로 부재한다는 것을 의미하는 것은 아니다. 그것은 두 종류의 사람들에게만 적용되었다. 첫째는 어린아이의 경우다. 자신의 욕망을 실현하겠다는 의지는 철없는 아이의 행위라고 간주되어 국한된 범위에서만 허용되었고, 이러한 행동과 의지도 성장해가면서 극복해야 하는 것으로 이해되었다. 어린아이들은 사회의 구성원으로 인정받지 못했기 때문이다.

어린아이가 자신의 욕구를 충족시키기 위해 무리한 행동을 해도 집에서 쫓겨나거나 심각한 처벌을 받지 않는다. 아이가 어릴 경우에는 아이의 행동이 어른들에 의해 실현되지만, 아이의 연령이 높은 경우 행동은 어느 정도의 범위에서만 허용된다. 아이는 자신의 욕망을 실현하는 데 한계를 느끼고 자신이 지켜야 할 공동 의무를 배워나가야 한다.

어린아이에 대한 특별 대우는 기존의 법과 규칙제도에

서 예외적인 것이었다.

성인은 어린아이와 달리 자신의 욕망을 사회적 의무보다 우선시하는 것이 허용되지 않았다. 성인이 사회적 의무보다 자신의 욕망 실현을 우선시한다면 그는 미성숙한 존재로 취급받았다.

명예를 중요 가치로 여기는 사회에서 성인을 미성숙한 어린아이로 취급하는 것은 심각한 일이다. 성인을 어린아이처럼 취급하는 형태는 '성인'에게 허용되지 않는 욕망을 제압하는 억압 기재로 작용했다. '아이는 해도 되지만 어른이 해서는 안 되는 것이다'라는 말은 '어린아이들에 대한 상대적 허용은 성인들에 대한 금지를 강화하는 것'으로 이해되었다.

둘째 예외 그룹은 사회의 지배 계층에 속해 있는 상류층인 왕 혹은 귀족들이었다. 그들은 어린아이처럼 자신의 욕망을 사회적 의무에 귀속시켜야 한다는 것에서 제외되었다. 사회의 법은 그들로부터 발생했고 그들의 말이 사회를 지배하는 규범과 법으로 정해졌다. 법 없이는 의무도 강제도 없다. 왕과 귀족들은 특별한 존재로 간주되어 일반인들이 복종해야 할 모든 법 위에 군림하는 존재로 여겨졌다. 그들의 욕망은 백성들에게 법으로 받아들여졌다. 루이 14세의 "내가 곧 국가다"라는 말이 이러한 현실을 적나라하게 말해준다.

그러나 욕망은 법이나 의무와는 대립되는 개념이다. 욕망의 특징 중 하나는 욕망 자체가 항시적이거나 필연적이지 않기 때문에 언제나 법과 대립적으로 보인다는 것이다. 법은 모든 사람에게 평등하게 적용된다. 그러나 욕망은 서로 다른 사람, 그룹 사이에서 다른 형태로 나타난다.

어떤 사람이 자신의 욕망을 법으로 규정할 수 있는 권력을 가지고 있다고 치자. 그가 법을 제정하여 다른 사람들에게 적용하려 한다. 그럼에도 그는 제정된 법과 사회가 규정하는 의무에 복종해야 한다는 것을 이해해야 한다. 하지만 그는 특별한 존재다. 왕이나 귀족, 혹은 고위층으로 법 준수의 의무를 넘어 법의 한계 밖에 있는 존재이다.

어린아이들은 준 인간으로 여겼고 왕은 초인간으로 여겼으며 일반인들과는 질적으로 다른 존재, 어떤 경우 초자연적인 존재로 여겼다. 그래서 고대사회에서는 왕이나 황제는 신의 아들, 신의 현현으로 받아들이기도 했다. 그들은 일반 사람들과 전혀 다른 근본을 가지고 있는 존재이다. 로마 제국에서 황제가 '신의 아들'로 간주되어 사람들의 생사화복을 주관하는 존재로 받아들인 경우가 그렇다. 일본에서도 제2차 세계대전 종전 이전까지는 황제가 '신적인 근본'을 가지고 있는 존재로 여겼다. 이처럼 왕과 귀족들은 매우 특별한 존재로 자리매김했다. 죄책감과 공동체의 억압 없이 개인의 욕망을 모색할 수 있었다.

욕망 실현의 모색 가능성과 권리의 차별은 일반인의 삶에서도 반복된다. 가정에서 가장인 아버지는 사회에서 허용된 몇 안 되는 욕망을 실현하기 위한 수단을 가질 수 있었다. 물질적인 수단과 욕망 실현의 상징적 도구가 부족한 상황에서 가장은 자신의 욕망을 만족시킬 수 있었고 얼마 되지 않는 수단도 독점할 수 있었다. 가정 내의 위계 질서에 의해 남성들이 그 뒤를 이어갔고 이후에는 여성과 어린아이들이 뒤를 이어갔다.

노예 사회에서 노예들은 이러한 욕망 실현의 권리에서 완전히 제외되었다. 노예의 경우는 특별했다. 그들은 욕망을 가질 수 있는 권리가 허용되지 않는 존재였다. 그들도 욕망을 가지고 있다. 그러나 사회는 그들을 인간으로 인정하지 않았다. 노예일 뿐이었고 주인의 소유물이었다. 어떤 경우에도 자신의 욕망을 실현할 수 있는 권리를 가질 수 없는 존재였다. 노예는 인간의 범주 밖에 위치했다. 어린아이들은 준 인간으로 취급되었지만 노예와 달리 온전한 인간이 되기 위한 과정에 있는 존재였다.

노예 또한 특별한 존재였다. 각각의 문화는 노예를 비인간적인 존재로 규정하는 제도를 정당화했다. 철학자 아리스토텔레스는 노예와 자유인을 구별하는 노예 제도는 매우 자연스러운 것이라고 말했다. 노예는 자유인에게 속해 있는 소유물로 여겼고 그렇기에 의무만 있고 스스로 욕망 실현의 권리를 가지지 못한다고 여겼다.

전근대사회는 욕망 통제 기재의 존재와 적용에 있어 현시대와 다른 형태의 사회적 제도를 가지고 있음을 알게 되었다. 모든 존재는 인간의 본성에 의해 욕망한다. 그러나 그것은 상당 부분 사회적 통제와 규범에 의해 조절되었다. 이러한 사회는 현 사회와 차이가 있다.

　　과거 욕망 실현이 불가능했던 것은 개인의 책임이 아니었다. 물론 욕망을 실현하지 못한 사람들은 다른 시대 사람들과 마찬가지로 좌절을 맛본다. 좌절감은 욕망을 실현하지 못한 반응이며 결과이다.

　　그러나 과거에는 욕망을 실현하는 것이 자신이 속한 사회적 계층의 한계, 금지임을 알았다. 그렇기에 좌절감은 아무 죄책감 없이 발생했다. 그들은 욕망이 실현되지 않는 것에 대해 책임지지 않았다. 실현되지 않는 원인은 개인적인 문제보다 신의 문제일 수 있기 때문이다. 욕망을 실현시킬 권리를 가질 수 없는 계층으로 태어나게 만든 운명 때문이지 자신의 책임은 아니었다.

　　과거 사회 제도는 의무와 명예라는 개념에서 출발하여 인간의 욕망을 통제하거나 조절하려 했다. 사회적 계층을 귀족과 일반인, 자유인과 노예, 남자와 여자로 구분하는 것은 자연의 원리라는 주장에서 출발했다. 하지만 이러한 구분은 욕망을 실현시킬 권리에 대해 차별하는 것이었다.

개인의 욕망

근대사회에서 발견되는 문화적 단절은 데카르트의 명제인 "나는 생각한다. 고로 존재한다"에서 분명하게 드러난다. 이 명제는 근대 철학과 문화의 시작을 의미하였으며 지금도 연구와 논쟁이 계속되고 있다. 데카르트의 명제를 언급하는 이유는 사회가 어떻게 욕망을 다루는지 이해하기 위함이다.

무엇보다 데카르트의 존재론이다. 이러한 형태로 자신의 존재를 확인하고 주장하는 것은 의미 없을지도 모른다.

존재성은 의심의 여지가 없고 모든 사람들이 잘 알고 있는 사실이다. 하지만 여기에 핵심적인 질문이 존재한다. 모든 사람들이 안다고 하여 그것이 진리는 아니라는 것이다.

데카르트는 이 명제를 통해 당시 그가 살던 사회에서 사람들이 진리라고 믿던 모든 것에 의문을 제기했다. 그는 당시 통용되던 진리(종교적 믿음과 문화적 전통에 의해 규정되고 있었다)에 대해 논리적 방법론을 제시했다. 그는 증명되지 않은 모든 것은 의심해야 한다고 주장했다. 그래서 "나는 생각한다. 고로 존재한다"의 명제가 기록된 자신의 책을 '방법서설'이라 했다.

이는 당시 사회가 갖고 있던 고유한 법칙과 모든 방법론에 대한 과격한 방법이자 이성적인 논리와 과학적인 방법을 통한 새로운 사고방식이었다. '언제나 그러했다' 혹은 '옛 사람들은 이렇게 가르쳤다' 식의 종교적, 문화적 주장은 정당성을 상실했다.

이 명제는 '나'로 시작한다. 우리는 전근대사회에서 공동체와 구별되는 개인적, 독자적, 그리고 독립적 의미를 갖는 '나'라는 개념은 존재하지 않음을 보았다. '나'는 양적인 의미(이것은 공동체를 배제한 하나의 단위로 나의 존재는 불가능함을 의미한다)뿐만 아니라 정체성에 있어서도 공동체의 한 사람일 뿐이었다. 공동체에서 배제된 사람은 정체성을 상실했다. 공동체성을 배제한 '나는 원한다'라는 개념은 존재할 수 없었다.

그러나 근대 문화의 등장은 모든 것을 바꿔놓았다. '개인'의 개념은 '개인주의' 신화로 변해갔다. 개인주의는 신자유주의 정책과 더불어 절정에 이르렀다. 영국의 수상 마거릿 대처는 "사회는 존재하지 않는다. 오직 개인과 가족만이 존재할 뿐"이라고 말했다. 여기서 알 수 있는 것은 '개인'이라는 개념의 등장이다. 이것은 공동체 의무와 결별한 '나는 욕망한다'라는 개념이다. 개인이 공동체나 집단 개념에 우선하는 것이 당연한 일로 이해된다.

삶에 대한 집단적 이해는 철학자가 말했다고 즉시 형성되는 것은 아니다. 신자유주의, 맑스주의 같은 철학적 이론과 정치—경제적 사상은 개인과 사회의 특정 분야에서 삶의 방향을 비춰주기도 한다. 물론 절대적인 것은 아니다. 특정 사상과 주장, 이데올로기도 우리의 현실을 완벽하게 해석하거나 이해하지 못하기 때문이다. 어떤 분야에서는 전혀 영향을 발휘하지 못하고, 다른 시각을 갖고 있는 사람에게 의미가 없다.

개인주의는 이 사회를 살아가는 사람들에게 정당하게 받아들여진다. 그들의 삶이 그러한 개념에서 기능하는 것처럼 보이기 때문이다. 충분한 돈을 소유한 사람은 다른 사람에게 의존하지 않고 혼자만의 삶을 영위할 수 있다. 인터넷을 통해 필요한 물건을 구입할 수 있고 정보를 취득하는 것은 물론, 원하는 사람과 접촉할 수도 있다. 인터넷을 통해 음식을 구입하고 섭취도 한다. 그렇게 함으로써 자본주의 사회의 생산과 물류 시스템이 제대로 기능하도록 한다.

그들은 자신을 위해 일하는 사람이 없어도, 다른 사람에게 의존하지 않아도 굶주림 없이 삶을 살아갈 수 있다고 생각할 것이다. 개인이 다른 사람과 접촉 없이도, 어떤 집단과 공동체에 속해 있다는 소속감 없이도 생존 가능하다는 것을 보여준다. 개인이 인간적인 관계없이는 살 수 있어도 경제적인 관계없이는 생존이 불가능하다는 것을 알게 해준다.

다시 "나는 생각한다. 고로 존재한다"의 명제로 돌아오

자. 개인주의로 인해 사람들은 스스로를 자신이 속해 있는 공동체에서 독립적인 존재로 바라보기 시작한다. 공동체 의무로부터 자유로워지는 것이다. 개인 혹은 '나'는 사회적, 공동체적 굴레에서 벗어나 자유롭게 욕망하고 모든 방법을 통해, 욕망 실현을 위해 노력할 수 있다고 생각한다.

신자유주의적 자본주의의 환상은 공동체 의무와 개인의 무한한 자유에 대한 약속에서 비롯된다. 물론 자유에 대한 사회적 약속은 경제력을 갖춘 사람들에게 해당된다. 그리고 이러한 현상은 개인 욕망을 추구하는 모든 사람을 향해 자유의 약속 단계로 접어들게 만든다.

욕망의 평등성

근대사회는 개인주의 개념과 더불어 인간 평등을 주장하면서 전근대사회를 향해 반기를 들었다. 프랑스 혁명에서 주창되었던 "모든 인간은 법 앞에서 평등하다"는 말은 당시 지배적인 가치였던 평민과 귀족 사이에 존재하는 질적인 차별 제도에 정면으로 도전하는 것이었다. 법 앞에서 만민이 평등하다는 개념은 성서의 세속화 형태라 말할 수 있다. 하나님이 사람들을 차별하지 않는다는 말은 하나님 앞에서 만인이 평등하다는 의미이다.

역사에서 긍정적인 의미의 혁명은 또 다른 측면으로 혼돈을 야기했다. 백인 남성과 지주들만이 모든 권리를 소유하면서 법 앞에서 평등한 존재로 간주되었다. 식민지의 남성과 여성, 그리고 노예들은 백인 남성과 같은 존재로 여기지 않았다. 모든 인간은 평등하다. 그러나 온전하게 평등한 것은 아니었다. 인류는 시민의 권리 쟁취를 위해 오랜 투쟁을 했고 오늘과 같은 인권의 평등을 표면적으로 인정받게 되었다.

만민 평등의 개념과 더불어 욕망에 대한 권리를 가질 수 있는 사람과 그렇지 못한 사람과의 차별의 벽은 서서히 무너졌다. 만민 평등의 가치로 권리 보장이 만족스러운 답을 준 것은 아니었다. 만족에 대한 문제는 '일반인'의 조건에 따라 다른 양상을 보였다.

근대사회에서 인간의 욕망은 가당치도 않았다. 적어도 그 불가능성에 대해 어느 정도의 사회적 동의가 있었다. 특정한 종류의 욕망은 파괴적인데 공동체 삶을 위태롭게 만들수 있다는 것에서도 사회적 동의가 존재했다. 그래서 그러한 욕망은 일반인들에게 금지 사항으로 규정했다.

욕망에 대한 극단적인 금지는 '터부'의 형태로 존재했다. 우리에게 알려진 터부 중 오래된 것은 근친상간이었다. 그러나 이외에도 여러 가지 금지 사항이 존재했고 엄격하게 적용되었다.

고대사회에서는 사회적으로 금지된 욕망을 구별했다. 선한 것이라 여겨 허용되었다 해도 실현에 있어서는 어느 정도 한계가 있다는 의식이 존재했다. 즉 욕망 실현에 있어서 인간의 능력과 조건, 한계성에 대해 분명히 인식했다는 것이다. 욕망의 온전한 만족은 조건의 한계 너머에 있다는 인식이었다.

이들에게는 세 가지 한계가 있었다. 첫째, 욕망의 권리를 소유하고 있는 특별한 종류의 사람들과 그러한 권리를 소유하지 못하는 사람들 사이에 존재하는 한계이다. 둘째, 선한 욕망과 악한 욕망 사이에 존재하는 한계이다. 셋째, 온전한 실현이 불가능한 한계이다. 물론 어떤 종교는 이러한 욕망 실현을 죽음 이후의 세계, 천국에서의 실현으로 극복하자고 말한다.

근대사회는 세 종류의 한계를 극복할 수 있고 욕망 실현을 방해하는 모든 한계로부터 자유롭게 해주겠다고 약속한다. 만민이 평등할 권리는 자유라는 의미에서 발전이며 진보이다. 하지만 이러한 극복이 삶의 조건이 규정하는 한계와 특성을 염두에 두고 이루어진 것은 아니었다. 욕망에 대한 모든 권리를 소유하고 사회적 의무로부터 자유로웠으며, 그 의무 위에 군림하던 '특별한 사람들'의 삶의 조건을 염두에 두고 시작되었다. 따라서 그들의 욕망 실현의 권리를 다시 한 번 재확인하고 있었다는 사실에 주목해야 한다.

황제나 왕, 귀족들은 일반 사람들의 삶을 규정하는 법 위에 군림하는 존재들로 여겨왔다. 그들이 원하는 것은 법처럼 간주되었고 일반인들은 그 법에 복종하며 살았다. 이 경우 어떤 욕망이 선한 것이고 악한 것인지 규정할 수 있는 객관적인 판단 기준이 결여된다. 이것을 구별하는 기준은 개인의 욕망이 공동체의 유익을 위하면서 개인에게도 유익한지에 달려있다. 특정 그룹에 대해 어린아이처럼 취급하거나 '이성적으로 미숙한 존재'로 취급하는 것은 욕망 실현의 법칙을 재확인하는 과정으로 정착한다.

근대사회가 우리에게 제공하는 '(욕망을 대체하는) 새로운 상품'은 개인이 사회에서 온전한 인간으로 인정받고 있다는 의미이다. 자신의 욕망을 실현할 권리와 한계를 극복하기 위해 모든 방법을 동원하여 투쟁할 수 있다는 선언이다. 욕망은 자신이 간절히 바라는 것이기에 적어도 욕망하는 자신에게는 선한 것이라는 확신을 갖게 한다.

과거와 다르게 요즘은 삶의 의미를 다르게 해석한다. 어쩌면 삶은 행복 추구라는 측면이 아닐까. 나는 이러한 변화 앞에서 궁금증이 생긴다. '모든 사람들의 욕망은 실현 가능한 것일까'라는 물음이다.

욕망의 무한성

우리는 욕망을 실현해본 경험이 있다. 욕망 실현의 초기 단계는 과정에서 나타나는 어려움을 극복하기 위한 힘과 그것을 위한 충분한 동기를 가지고 출발한다. 어렵고, 많은 노력이 요구되더라도 목적을 달성하기 위해 용기를 낸다. 그리고 목적 ― 물건이어도 좋고 운동 경기, 혹은 전공 분야에서 이루는 개인적 성취어도 좋다 ― 을 이루게 되면 기쁨과 만족을 느낀다.

그러나 얼마 후 자신이 도달한 목적이 원하던 것과 정확하게 일치하지 않는다는 걸 깨닫는다. 또 얼마 후에는 불만족스러운 감정과 허무함에 빠지게 되고 그것은 새로운 목표를 추구하도록 압박한다. 새로운 목표는 바라던 것을 이루게 해줄 것이고 믿게 해준다. 그리고 이전 목표와는 전혀 다른 것이라고 속삭인다.

성취감 뒤에 밀려오는 불만족스러움과 공허함은 욕망 추구의 순환고리에서 지속적으로 반복된다. 이러한 경험은 욕망이 온전하게 이루어질 수 없다는 인식을 심어준다. 욕망을 온전하게 실현하기란 힘들다. 욕망은 목표 너머에 있는 것이다. 욕망의 무한성 앞에서 옛 현인들은 이를 해결할 수 있는 다양한 방법을 보여주었다.

나는 욕망의 한계를 극복할 수 있는 방법을 제안하고자 한다. 핵심은 욕망의 무한성을 어떻게 극복할 수 있느냐이다. 한계 혹은 경계 너머를 언급할 때 우리는 한계를 경험했거나, 목표 도달이 불가능한 걸 경험한 사람을 예로 든다. 곱하기를 하지 못하는 아이가 이차방정식을 푸는 건 불가능한 일이다. 그것은 아이의 지식 너머에 있는 문제이다. 하지만 중·고등학생에게는 문제가 아니다.

　고대 현인에게 욕망의 무한성은 전혀 다른 의미를 가진다. 인간의 존재는 그가 얼만큼 지식이 있고 훈련되었는지와 상관없다. 단지 욕망을 온전하게 실현할 수 있는 능력을 갖지 못한 존재로 이해한다. 욕망의 온전한 실현은 존재 자체, 그 너머에 자리 잡고 있기 때문이다.

　여기서 인간의 한계성에 대해 강조할 필요가 있다. 인간에게 불가능한 초자연적인 존재가 신에게는 불가능한 것이 아닐 수 있다. 그래서 종교는 그들의 희망을 그들이 믿는 신에게 둔다. 즉 종교는 신도들이 갖는 선한 욕망을 신이 이루어 줄 것이라는 희망과 믿음을 준다. 그러나 욕망을 온전히 실현하는 것은 사후 세계에서 이루어질 거라 기대한다. 또 다른 종교는 신적인 행위에 의해 실현될 것이라 기대한다. 이렇듯 각 종교의 서로 다른 가르침에도 불구하고 공통적인 게 있다. 욕망(희망)의 온전한 실현 주체가 신적인 존재, 즉 초자연적인 존재라는 것이다.

　고대 종교는 인간과 신 사이에 넘을 수 없는 선이 있다고 생각했다. 그렇기에 이런 생각을 할 수 있었다. 그러나 이러한 개념은 근대사회에서 급격한 변화를 겪게 되고 인간 행위의 한계적 특성을 최소화하거나 사라지게 만든다. 그럼에도 삶에 내재된 한계 조건을 완벽하게 부정할 수는 없다. 인간에게 제한적인 조건이 없다 해도 죽음은 존재의 한계를 생각하게 만든다. 이것을 극복하기 위해 근대사회는 삶에서 죽음의 그림자가 사라지도록 한다. 장례식은 더 이상 공적인 게 아닌, 개인적인 것으로 여긴다. 공적인 장례식은 권력자와 영웅에게만 허용된다. 공동묘지는 도심에서 외곽으로 이동했고 묘지의 모습도 정원처럼 변해간다. 죽음은 종말, 질병과 노화를 극복하지 못한 의학의 실패로 변한다. 하지만 이러한 변화에도 불구하고 죽음의 개념을 없앨 수는 없다.

만약 인간의 존재가 한계적이라면, 어떻게 욕망의 무한성을 부정하고 온전한 실현을 약속할 수 있을까? 이를 위해서는 제한적인 조건을 극복하고 무한의 경지에 도달할 수 있는 능력자나 그러한 존재가 필요하다. 과학으로 종교와 전통적인 사고를 극복하려 해도 그것이 신적인 존재로는 받아들여지지 않는다. 이런 모순적인 상황에서 인간이 선택할 수 있는 길은 과학 기술의 발전이라는 잘못된 확신이다.

"역사는 자유 자본주의에 이르러 종말에 이르렀다"는 프랜시스 후쿠야마의 이론은, 과학과 기술의 발전을 이야기했다. 성서는 기독교 국가에서 중요한 복음으로 받아들여졌다. 기독교가 죽음 이후의 삶을 약속하듯 자유 자본주의는 욕망의 온전한 만족을 위한 약속으로 인식되었다.

후쿠야마는 "과학 기술은 부의 무한 축적을 가능하게 만든다. 지속적으로 늘어나는 욕망의 만족을 가져올 것이다"라고 말했다. 과학 기술은 전 세계로 확산되어 갈 것이다. 미개발국가들이 개발국가의 과학 기술을 받아들이고 자본주의 국가의 유형을 모방하게 됨으로써 소비 문화에 젖어들게 되고, 인류의 동질화가 이루어질 것이다.

우리는 지속적인 과학 기술의 발전이 인류에게 부의 무한한 축적을 가능케 한다는, 일반적으로 자본주의 국가에서 받아들이는 잘못된 확신을 생각해볼 수 있다. 이러한 확신은 인류가 갖고 있는 '지속적이고 항시적으로 증가하는 인간의 욕망'까지 만족시킬 것이다.

과학 기술은 한 단계를 넘어 또 다른 단계로 발전하는

것을 보여준다. 이는 기술의 발전이 무한한 것처럼 생각하게 한다. 여기서 '무한'의 개념은 무엇일까. 수학에서 사용하는 'n+1'은 숫자 뒤에 무한정으로 또 다른 숫자를 더할 수 있는 의미이다. 이 과정은 무한하며 끝이 없다. 핵전쟁이 발발하거나 전 지구에 재앙이 발생한다고 상상해보자. 그럴 경우 과학 기술은 급격한 후퇴를 경험할 것이고 후퇴 지점부터 다시 시작될 것이다.

여기서 말하는 욕망의 무한성은 과학 기술과 다른 문제이다. 이것은 양적인 차원을 넘어 질적인 차원을 내포한다. 욕망은 조건의 한계 너머에 있는 것으로 인간의 행위로는 성취 불가능하다. 우리는 목표에 가까이 가지만 도달하지 못한다. 욕망은 다가갈수록 더 멀어진다. 그것은 지평선을 향해 걷는 것과 같다. 지평선을 향해 걷고 또 걷지만 지평선은 더 먼 곳에 있는 것처럼 보인다.

나는 여덟 살 때 배를 타고 브라질에 이민을 왔다. 끝없이 펼쳐진 수평선을 보며 몇 시간이 지나야 도착할 지 계산하던 기억이 떠올랐다. 하지만 수평선과 배의 거리는 좁혀지지 않았다. 목적지에 도착해도 수평선에는 도착하지 못했다.

이처럼 유한한 걸음으로 무한에 도달하려는 시도, 환상의 경험을 헤겔은 '나쁜 무한성'이라고 말했다. 수학적 표현으로는 한계의 개념을 의미한다. 어떤 숫자를 다른 숫자로 나누면 나눌수록 답은 0에 가까워지지만 결코 0에 도달하지는 못한다. 아무리 많은 소수점이 생겨도 끝내 0에 도달하지 못하는 것이다.

과학 기술의 발전은 이러한 두 가지, 서로 다른 개념 차이를 무시하면서 인간의 욕망을 성취해줄 수 있다고 약속한다. 또 의학 기술은 영원한 삶을, 죽음과 노화를 제거할 수 있다고 약속한다. 후쿠야마는 욕망의 만족이 자본주의를 통해 이루어진다고 말했다. 무한한 욕망을 실현하기 위해서는 무한한 부의 축적이 이루어져야 하고 그것이 과학 기술의 발전에 의해 가능하다는 것이다.

우리는 지속적으로 반복되는 '무한'이라는 말에서 특정 존재의 부재를 발견할 수 있다. 존재와 조건의 부재이다. 부재는 매우 중요한 요소이다. 여기서 우리가 알아야 할 것이 있다.

첫째, 부가 유형적인 물질만을 의미하지 않다는 사실이다. 그것은 과학 기술 지식도 포함하고 있다. 이러한 사실을 인식하는 것은 매우 중요하다. 과학 기술의 발전 없이는 불멸의 욕망, 적어도 장수에 대한 욕망 실현이 불가능하다. 의학을 포함한 과학 기술의 발전은 욕망이 실현될 것이라는 약속을 제시하는 근본 요소이기 때문이다.

둘째, 인간의 욕망을 과학 기술에 의해 생산된 상품(물건과 서비스를 포함한) 만족으로 국한하는 시도가 필요하다. 과학 기술은 상품을 생산하기 위한 실용적인 지식이기 때문이다. 여기서 과학 지식은 아리스토텔레스가 말했던 제작making, poiesis과 행위acting, praxis에 대한 것으로 이야기할 수 있다. '포이에시스poiesis'는 물건을 만드는 인간의 행동, 즉 컵을 만드는 공예가의 행위를 의미하고, '프락시스praxis'는 친구들과의 관계, 정치인들 사이에 발생하는 관계를 묘사할 때 사용되는 표현이었다. 이런 의미에서 과학 기술은 '포이에시스'의 측면에서 이해된다.

후쿠야마를 비롯하여 과학 기술의 발전을 옹호하는 사람들은 사회 경제 체제는 모든 상품을 사고 팔 수 있는 시장

체제라고 주장한다. 인간의 모든 욕망을 만족시킬 수 있는 것은 상품뿐이라는 것이다. 그런 의미에서 자본주의 사회를 사는 사람들이 상품 구매에 강박이 있다는 것은 이상한 일이 아니다. 후쿠야마는 소비주의의 확산을 인간의 모든 욕망 실현과 균형 잡힌 세계를 건설하는 방법이라고 했다. 상품 소비를 통한 자본주의는 욕망의 문제를 해결하고 있다는 것이다.

상품 소비가 욕망 실현을 위한 유일한, 최선의 방법인가? 많은 사람들이 그렇게 믿는 것인가? 이러한 질문은 보다 기본적인 질문을 하게 만든다. 그것은 문화적 차이를 넘어 인간의 욕망이 어떻게 작동하고 있는 것인가?라는 질문이다.

5 장

욕
망
과

착
각

욕망과 착각

욕망에 대해 사람들이 착각하는 것이 있다. 그것은 자신이 원하는 게 무엇인지 잘 안다고 생각하는 것이다. 근대사회는 욕망의 권리를 일반화시켰다. 그리고 공동체를 향한 의무 개념을 변형시켰다. 또한 욕망의 주체로서 독립적인 의미의 잘못된 확신을 하게 만들었고 이를 통해 내가 욕망하는 것이 무엇인지 알고 있다고 생각하게 했다. 내가 욕망하는 것이 내 욕망을 만족시켜줄 거라고 생각하기 때문이다.

욕망은 두 가지 측면으로 이해된다. 그것은 욕망의 주체와 욕망의 대상이다. 여기서 제기되는 문제는 다음과 같다. '왜 특정 대상을 향해 관심과 욕망이 집중되는가?'이다. 그 이유는 그 대상이 욕망할 만한 것이기 때문이다. 대상은 매력이 있다. 다른 사람들도 그것의 특별한 가치를 발견하고 바랄 것이다.

욕망의 관계에서 욕망할 대상의 가치를 발견하는 능력, 즉 주체의 개념이 설정된다. 데카르트의 명제 "나는 생각한다. 고로 존재한다"가 다시 떠오른다. 즉 '나는 생각한다. 그러므로 나는 그 대상의 특별한 가치를 발견할 수 있고 따라서 그것을 원한다'는 것이다. 또는 '나는 생각한다. 그러므로 내가 욕망하는 것이 무엇인지 알고 있다. 따라서 욕망의 대상을 추구한다'라고 표현할 수도 있다. 또 다른 측면에서 대상의 가치를 발견할수록 그 대상은 점점 더 욕망할 만한 대상으로 변할 것이고 욕망하지 않을 수 없는 지경에 이르게 될 것이다. 또한 그것을 소유한 후에도 욕망하고 소유하려는 생각을 결코 포기하지 않을 것이다.

이를 통해 욕망에 대한 문제는 생각처럼 단순한 형태로

작동하지 않는다는 것을 알게 된다. 많은 경우 우리는 어느 정도 목표를 이룬 대상에 싫증나게 되고 심지어 그것이 욕망할 만한 게 아니었다고 생각한다. 이러한 현상은 욕망의 무한성에 대한 예를 통해 볼 수 있다.

욕망의 대상을 정복한 후 기대처럼 만족스럽지 않다는 걸 깨닫게 되고 허무함을 느낀다. 허무함은 또다시 다른 대상, 새로운 대상을 욕망하게 만든다. 이것이 욕망의 과정을 설명하는 것은 아니다. 어떤 상황에서는 우리가 실현에 성공한 욕망의 대상이 그리 대단한 것이 아니었을 뿐만 아니라 욕망할 만한 것도 아니었다고 생각하는 단계에 이른다. 그래서 욕망의 대상이 거부의 대상으로 변하기도 한다.

거부의 대상으로 변하는 과정은 개인의 기호를 넘어 사회적 현상을 의미하기도 한다. 이제, 욕망의 변화 과정과 이 사회에서 욕망이 어떻게 작동하는지 알아볼 필요가 있다.

어린이의 욕망

어린이 두 명이 장난감으로 가득 찬 방에 있다고 가정하자. 방에 있는 장난감은 모두 다른 모양이다. 아이들은 장난감을 가지고 재미있게 놀까? 아니면 서로 하나의 장난감을 가지려고 싸울까? 이 질문에 대한 답은 "서로 싸운다"이다. 대다수가 비슷한 답을 한다는 것은 아이뿐만 아니라 성인도 자신의 욕망을 다르게 표현한다는 사실을 알게 해준다. 성인은 교육을 통해 스스로 통제하는 능력을 갖고 있다는 점에서 아이와 다르다. 아이들은 처음에 장난감으로 가득찬 방을 보고 흥분해서 기쁨을 감추지 못했을 것이다. 그러나 약간의 숨을 고른 후 어떤 장난감을 가지고 놀지 고민했을 것이다.

장난감은 아이들이 사이좋게 놀아도 충분한 양이다. 그러나 아이들은 어떤 장난감을 가져야 할지, 그리고 자신이 어떤 것을 원하는지 알지 못한다. 그들은 눈앞에 펼쳐진 장난감이 모두 새로운 것이기에 매력적으로 보인다. 그런데도 아이들은 경험에 비추어서 자신들이 좋아하는 장난감이 무엇인지 나름의 생각을 갖고 있다.

남자 아이라면 자동차가 눈에 들어올 것이다. 아이들의 관심은 자동차로 쏠릴 것이다. 하지만 어떤 것을 택할지는 의문이다. 그 순간 한 아이(이름을 영준이라 하자)가 무엇을 고를까 주저하다 자동차를 선택해 그것을 잡으려고 몸을 움직인다. 그 장난감이 특별해서는 아니다. 영준이는 이것을 먼저 선택하려고 한 것뿐이다. 그것을 잡았을 때 마음에 들지 않는다면 다른 것을 선택하면 그만이다. 영준이는 선택한 자동차에 대한 확신이 없었지만 손을 뻗어서 자동차를 잡으려고 한다.

그런데 그것을 보던 또 다른 남자 아이(성호라 하자)가 있다. 성호 역시 처음에는 많은 장난감을 보며 흥분해 있었다. 자신의 시선을 끄는 수많은 장난감 앞에서 멈칫하던 성호는 어떤 장난감을 선택할지 결정하지 못하고 있다. 그런데 영준이가 어떤 자동차를 향해 다가가는 모습을 발견한다. 그때 성호의 눈에는 영준이가 잡으려는 자동차가 들어온다. 그 순간 수많은 장난감 중에서 영준이가 선택하려는 자동차가 특별하게 보인다. 성호는 영준이보다 먼저 자동차를 손에 잡으려고 한다.

영준이는 그 자동차를 선택하고 잡으려 했지만 그것이 마음에 드는 것은 아니었다. 그러나 성호가 자신보다 먼저 손에 쥐자 그 자동차가 특별하게 보이기 시작한다. 그것이 특별한 게 아니라면 성호가 먼저 잡으려고 시도하지 않았을 것이다. 그리고 자동차는 아직 성호가 잡지 않았기 때문에 그 누구의 것도 아니다.

영준은 성호가 장난감 자동차를 자신보다 먼저 손에 잡으려 하자 도둑질당한 느낌을 받게 된다. 그리고 소리친다.

"내가 먼저 본 거야. 내 거야."

영준이의 주장은 성호로 하여금 그 자동차가 더욱 특별한 것이라고 확신하게 만든다. 그리고 반드시 소유해야겠다는 마음을 갖게 한다.

장난감 자동차를 갖겠다는 욕망은 점점 커진다. 성호도 외친다.

"아냐. 내가 먼저 잡았으니 내 거야."

장난감 자동차를 갖고자 하는 성호의 투지는 영준이의 욕망을 증폭시킨다. 영준이는 더욱더 그것을 욕망하게 된다. 그리고 또 다른 측면에서 성호의 욕망도 점차 증가하게 된다.

아이들은 자신들이 욕망하는 장난감, 즉 갑작스럽게 욕망의 대상으로 변한 장난감을 소유하기 위해 싸우기 시작한다. 싸움이 심해질수록 장난감의 가치는 높아진다. 어느 순간 영준이가 '노는 것이 아니라 서로 싸우고 있음'을 깨닫는다. 그래서 이렇게 말한다.

"좋아, 그러면 네가 가져. 나는 다른 것을 가지고 놀 거야."

이 말을 들은 성호는 생각한다.

'영준이가 더 이상 이 자동차를 가지고 놀고 싶지 않다고? 그럼 별로 좋은 게 아니었군. 가치가 없는 것이라면 나도 갖고 놀기 싫다.'

상대방이 싫어하는 것을 자신도 가지고 놀기 싫은 심리는 자신이 친구보다 낮은 가치의 사람으로 평가되고 싶지 않다는 것을 의미한다. 다른 사람이 갖고 싶어 하지 않는 것을 갖는 사람은 '뒤쳐지는 사람'으로 간주되기 때문이다. 결국 아이들은 그렇게 갖고 싶어 하던 장난감을 버리게 된다. 그리고 또다시 자신의 친구가 바라보는 장난감이 무엇인지 관심 갖고 친구가 갖고 싶어 하는 것을 욕망한다. 이렇게 모든 것은 다시 새롭게 시작된다.

또 다른 예를 들어보자. 대학 교수로 함께 일하는 친구에게 쌍둥이 딸이 있다. 어느 날 나는 그가 살고 있는 지역과 가까운 곳에서 강연을 하게 되었다. 강연 중 약간의 여유가 있어 그의 집을 방문하기로 했다. 나는 딸에게 친구의 쌍둥이 딸에게 줄 선물을 구입해 달라고 말했다. 당시 친구의 쌍둥이 딸은 여덟 살이었다.

아내가 딸에게 말했다.

"둘은 쌍둥이니까 같은 선물을 줘야 해. 서로 다른 것을 사주면 안 돼. 쌍둥이들이 서로 다른 걸 받으면 비교하면서 싸우게 돼. 서로 상대방의 것을 갖고자 할 거야."

양상은 다르지만 비슷한 일은 많이 발생한다. 우리는 늘 다른 사람이 갖고 있는 것을 욕망한다. 우리는 욕망의 대상이 대상 자체가 가지고 있는 가치가 아님을 발견한다. 욕망은 다른 형태로 작동하고 있다. 다른 사람이 바라고 원하는 대상을 나도 원하는 것이다.

6 장

자본주의와 욕망

소비하는 욕망

제2차 세계대전 이후 자본주의는 변화하기 시작했다. 특히 20세기 초 시작된 미국의 산업 생산성 향상이 그렇다. 1945년 이후 전쟁에 필요한 무기 생산에 주력하던 산업 시설들이 시장을 향해 대량으로 소비품을 생산하기 시작했다. 급작스럽게 근대 소비 제품들이 시장을 범람하기 시작했고 기업들은 필요한 것보다 훨씬 많은 제품을 구입하도록 유도해야 한다는 생각을 하게 되었다.

산업 혁명은 인류 사회에 새로운 생산 방식과 제품을 만들어냈다. 그런데도 당시 사람들은 과거 전통과 제품 가치에 의한 그들의 소비생활에 익숙해 있었다. 그러나 정치적, 경제적 엘리트들은 사치품을 비롯한 고가의 제품을 구입할 수 있는 과장된 소비의 자유를 누리고 있었다. 이를 통해 그들은 자신들이 일반인보다 우월한 존재임을 과시했다.

반면 중산층은 전근대적 가치에 영향받는 문화에 살았다. 이 계층은 열심히 일을 하지만 고가의 사치품 구입에는 주저하는 삶의 형태를 의미했다. 《프로테스탄트 윤리와 자본주의 정신》의 저자 막스 베버는 그의 책에서 제2차 세계대전 이후 소비주의 붐이 발생하기 전의 자본주의 사회를 묘사한다. 그는 자본주의 윤리와 정신의 최종 목표는 일시적인 쾌락, 특히 돈으로 살 수 있는 것들을 구입하는 데 절제하고 노동을 통해 최대한 돈을 축적하는 것이라고 말한다. 열심히 일하고 많은 돈을 벌어들이는 것이 인생의 최종 목표로 자리 잡게 되었다. 거기에 소비는 포함되지 않았고 오히려 소비 절약이 미덕으로 간주되었다.

베버는 자본주의를 "사람들이 노동을 통하여 많은 돈을

버는 것을 인생의 최종 목표로 삼은 최초의 사회"라고 말했다. 과거에 사람들은 살기 위해 일을 했다. 돈을 충분히 소유하면 일을 쉬거나 일의 강도를 줄였다. 그러나 자본주의가 등장하면서 돈을 벌기 위해 살기 시작했다.

열심히 일하고 절제된 삶을 사는 것은 자본주의 문화의 초기 단계이다. 이 문화는 모든 사람들에게 교육되었다. 축적된 부의 일부를 고가의 사치품 구입에 사용할 수 있는 자유와 권리는 소수의 사람들에게만 허용되었다. 그러나 1945년, 초기 자본주의 문화에 변화가 생긴다.

부를 축적하는 것을 포기한다면 자본주의는 더 이상 자본주의가 아니다. 여기서 돈과 자본의 개념 차이를 이해해야 한다. 자본주의의 개념은 자본이라는 개념에서 온 것이지 돈의 개념에서 온 것이 아니다. 돈은 매매 과정을 수월하게 하기 위해 사용되는 수단이다. 그리고 그것은 미래를 위해 부를 저장해두는 수단이다. 이러한 의미에서 모든 돈은 자본이 되는 게 아니다. 아무리 많은 돈이라도 미래에 사용할 목적으로 옷장 깊은 곳에 감춰둔다면 그 돈은 자본이 아니다. 자본은 더 많은 돈을 벌기 위해, 사업을 위해 사용하고 투자하는 돈이다. 즉 이익을 얻기 위한 돈이다.

자본주의는 경제적 시스템으로 개인 이익 증대를 통해 자본 자체를 증가시키는 목적을 가진다. 프랑스 경제학자 미셸 알버르는《자본주의 대 자본주의》에서 "자본주의의 산소는 이익에 대한 기대"라고 말한다. 그는 자본가에게 "왜 이익을 바라는가?"라는 질문을 해서는 안 된다고 말한다. 그런 질문을 하는 사람들은 "새로운 신조 조항인 이익의 목표는 이익 자체이다"라는 주장에 의문을 품게 만든다는 혐의를 받고 즉시 자본주의의 성소에서 추방될 것이기 때문이다. 또한 그는 "이 원리는 절대 범할 수 없는 절대적인 원리"라고 말한다. 만약 더 많은 이익 추구가 되어야 한다면 변화가 일어나야 하는 건 일반 대중, 즉 소비자의 욕망 행위부터이다.

소비자는 시장에서 구매 능력을 갖고 있는, 돈을 가진 사람을 의미한다. 기업이 생산력을 증가시킬수록 판매와 이익도 함께 증가되어야 한다. 그러기 위해서는 소비자들이 필요하지 않더라도 많은 것을 바라고 욕망하도록 만들어야 한다.

전근대사회는 사람들이 개인의 욕망, 특히 다른 사람이 갖고 있는 것을 갖고 싶어 하는 욕망, 즉 소유적 모방 욕망을 통제하도록 교육했다. 이러한 교육을 통해 공동체 안에서 일정한 질서와 평화가 유지되도록 했다. 이것은 대다수 사람들에게 해당되는 것이다. 공동체 내에서 욕망에 의해 발생할 수 있는 경쟁과 갈등은 공동체적 가치라는 이름으로 통제되어야 했다. 대량 생산에 기초하고 있는 새로운 자본주의 경제와는 반대되는 시스템이다. 그래서 제2차 세계대전 이전에도 야망을 가진 기업가들은 더 많은 제품을 생산하고 판매하기 위해 새롭게 열리는 경제 체제의 적응을 위한 대중들의 '재교육' 필요성을 감지했다. 미국의 백화점 설립자 에드워드 파일린Edward A. Filene은 1919년에 이렇게 말했다.

"대량 생산은 대량 생산의 세계에서 사람답게 살아가도록 대중들의 재교육을 요구한다."

이 말은 자본주의의 새로운 전략이 대중들을 향한 소비 문화 '교육'의 제시와 실시에서 시작됨을 의미한다.

20세기 초에 발생한 새로운 문화는 제2차 세계대전을

계기로 크게 융성했다. 새로운 문화는 욕망을 통제하고 한계를 짓는 것이 아니라 오히려 욕망을 키우고 욕망을 갖는 것에 아무런 죄책감을 갖지 않도록 대중을 교육했다.

사회는 어떤 욕망을 갖더라도 이에 대해 죄책감을 갖지 않게 교육한다. 거의 모든 사회에서 동일한 방법으로 욕망에 대한 권리와 자유는 수호되었다. 좋은 욕망과 그렇지 않은 욕망, 강화되어야 할 욕망과 금지되어야 할 욕망을 구별할 수 있는 가치판단 기준이 규정됐다. 이렇게 발생하는 소비 문화는 더 많은 것을 소비하도록 교육했고 이에 따라 욕망의 영역은 오직 시장이 제공하는 제품을 소비하는 욕망으로 국한되기 시작했다.

욕망의 일원화

소비자 교육 과정에서 광고는 중요한 기능을 담당한다. 초기 광고 선전은 시장으로 새롭게 유입되는 제품의 기능을 설명하는 역할을 했다. 새롭게 등장한 제품들은 부유한 국가들과 중산층의 삶의 모습을 점차 변화시켰다.

제빵기와 세탁기가 시장에 판매되기 시작했을 때 기업들은 광고를 통해 기계 작동 방법과 더불어 기계의 유익을 선전했다. 그러나 시간이 흐르고 유사 제품을 생산하는 기업 간의 경쟁이 심화되면서 광고는 기능 설명보다 제품과 소비자 사이에 존재하는 감정적인 관계를 설명하는 데 시간을 할애하기 시작했다.

'감정적인 관계'라는 표현이 낯설게 들릴 것이다. '감정적인 관계'는 사람과 사람 사이에 형성되는 것이지 물건과 사람 사이에 형성되는 것은 아니다. 그러나 상품과 맺는 '감정적인 관계'는 소비 문화를 강화시키기 위해 유입되는 개념이다. 시장에 공급되는 유사 기업들의 상품을 앞에 두고 소비자는 선택 기준을 어디에 두어야 할까? 광고는 소비자에게 특정 메이커를 선택하도록 영향을 미칠 수 있을까? 이 질문에 답하기 위해 특정 상표와 소비자 사이에 형성되는 감정적인 관계, 충성심이 필요하다. 그것은 소비자와 특정 상표 사이에 형성되는 동질감을 의미한다.

1980년대 초부터 시작된 소비시장 형성은 20세기 중반에는 상상할 수 없을 정도로 치닫는다. 특히 1980년대엔 특정 상표에 대한 동질성이 생겼다. 그것은 특정 상표와 자신의 스타일을 동일시하는 현상이다.

나이키 운동화가 대표적인 사례다. 1990년대 초 광고인

니싼 과나에스Nizan Guanaes는 나이키 현상에 대한 글을 발표했다. 이 글은 이러한 '감정적 관계'를 보다 이해하기 쉽게 한다.

그는 나이키만큼 자신을 흥분시키는 광고를 만든 적이 없다고 술회했다. 그에게 있어 나이키는 신적인 것이었다. 그는 나이키 광고를 더 이상 세밀하고 정밀하게 만들 수 없을 만큼 강력한, 하나의 건축물이라고 표현했다. 또 나이키는 소비자와 상품 사이에 감정적인 관계를 만들어냈다고 말했다. 나이키는 더 이상 운동화, 신발이 아니다. 그것은 삶의 모델이다. 나이키는 세계관이고 하나의 스타일이다. 나이키 광고는 복음이다. 그들은 판매를 하는 것이 아니라 사람들에게 교육을 시키고 있다. 소비자들을 설득하는 게 아니라 변화시킨다.

나이키는 운동화를 사게 만든다. 남미 시골에 사는 어린 아이를, 중동의 엄숙한 이슬람교도를, 그리고 고위층 백인을 할렘 출신의 농구선수가 된 것처럼 느끼게 만든다. 제3세계 남자 아이가 운동화를 구입하기 위해 긴 줄을 서야 해도 그는 충분히 행복해할 것이다. 그것은 나이키를 구입할 경제적 능력이 없는 시골 아이가 나이키를 갖고 있는 이유이기도 하다. 나이키를 갖지 못하는 것은 죽음을 의미하기 때문이다. 소년은 머리이고 나이키는 소년의 몸통이다.

오늘날 나이키가 예전처럼 삶에 영향을 미치는 것은 아니다. 나이키는 애플의 아이폰과 아이패드, 삼성의 갤럭시 등 다른 제품들로 대체되었다. 그럼에도 상품과 자신을 동일시하면서 '소유' 자체를 스타일로 이해하고 받아들이는 현상은 지속적으로 우리 삶에 영향을 준다.

유명 상표는 물질적 기구로서 일정한 기능을 가지는 것이지 우리 삶의 필요를 충족시켜주는 것은 아니다. 그들은 꿈을 팔고 있다. 욕망 실현의 약속을 팔고 있다. 그들은 이미 제품을 구입하고 소유한 사람이 다른 소비자들에게 자신의 삶을 보여줄 수 있는 상징을 판매하고 있다. 물론 이 모든 것들이 판매되는 제품에 포함되어 있는 건 분명한 사실이다.

그러나 상품을 구입하기 위해 사람들이 지불하는 가격은 제품의 물질적 가치와 상당한 거리가 있다. 소비자들은 물질적인 가치를 넘어서는 높은 가격을 지불한다. 그래서

에르메스나 루이비통 같은 명품 가방을 사기 위해, 페라리 같은 고가의 자동차를 사기 위해 서슴없이 돈을 지불한다. 단순한 가방과 자동차가 아니기 때문이다.

광고의 변화와 더불어 새로운 인간 유형과 욕망의 모델에 관한 교육의 노력도 있었다. 영화와 TV, 기타 다른 대중 매체들은 새로운 세계를 향해 정보를 제공해주었다. 어느 누구도 개인적인 욕망에 앞서 공동체적 의무나 명예를 우선시하지 않는다. 오히려 사람들은 전문 직업인으로서 성공을 추구했고 새로운 근대 세계가 자신들에게 제공하는 쾌락을 행복으로 간주하고 있다.

할리우드 영화 산업과 미국 내 문화 상품이 확산될수록 지역 문화는 자취를 감추었고 미국식 스타일, 즉 미국의 부유층과 중산층의 삶의 유형이 전 세계 사람들이 욕망하는 스타일로 자리매김해나갔다. 새로운 인간 유형과 함께 새로운 욕망도 나타났다. 미국의 중산층과 같은 삶을 살기 위하여 그들이 갖고 있는 것을 소유하려는 욕망이 생겨난 것이다. 전 세계 부유층과 중산층은 같은 종류의 상표와 상품들을 선호하고 욕망하기에 이르렀다.

사람들은 대중매체가 전하는 '풍요로운' 세계의 일원이 되기를 바라고 그들의 삶을 모방하고자 한다. 그리고 그들이 소유한 것을 욕망하게 될 것이다. 경제적인 여건이 된다면 고급 상점에서 상품을 구입할 것이다. 만약 그 반대라면 이미테이션을 구입하거나 절도를 할 것이다. 인간으로 존중받기 위해서는 소비 공동체에 속해 있어야 한다는 생각을 갖기 때문이다.

　　욕망의 일원화 현상은 소비시장의 출현과 성장을 위한 전제 조건으로 작동한다. 그리고 이것은 세계화를 위한 필수조건이 되었다. 이익 창출을 달성하기 위해 소비 욕망에 앞서는 모든 욕망에 제동을 거는 일은 필수적인 사항이 되었다. 그래서 유명 제품들은 제품 자체가 아닌 삶의 풍요로움과 그들의 스타일을 광고한다. 그리고 어떻게 하면 저들이 욕망하는 광고 상품을 소유할 수 있는지에 대해서만 말한다.

소비의 영적 차원

관광객, 혹은 비지니스맨으로 세계 어느 지역을 방문하는지는 중요하지 않다. 그 지역 문화가 당신에게 얼마나 낯선 것인지도 중요하지 않다. 그 나라가 세계화 현상에 귀속되어 있다면 집에 있는 것처럼 편안함을 느끼게 해주는 욕망의 대상, 상품을 볼 수 있는 소비의 '성지'를 발견할 수 있다. 이미 그 장소가 어디인지 눈치 챘을 것이다. 그곳은 바로 백화점이다.

백화점은 상업 장소가 아니다. 전근대사회에서는 지역 시장, 혹은 매매 장소가 인간의 상호작용이 발생하는 장소였다. 사람들은 새로운 상품을 보거나 필요한 물건을 구입하기 위해, 혹은 물물 교환을 위해 그곳을 찾는다. 그러나 오늘날의 백화점(1950년대 이전에는 존재하지 않았다)은 상업 장소의 의미를 초월하고 있다.

인간은 최고와 최악의 순간을 경험하면서 살아왔다. 사람들은 존재론적, 영적인 의미에서 삶의 위기를 경험하는 순간 또는 인간적인 면을 잃어버린다고 느끼거나 죄인됨을 느끼는 순간(우울증에 빠지게 될 때라고 표현할 수 있다)에 도움 줄 수 있는 사람을 찾아간다. 그리고 그것을 회복시켜줄 수 있는 장소를 찾아간다.

대다수 사람들은 거룩한 장소를 찾아가 신성한 존재와의 접촉을 통해 자신의 힘과 순수함을 회복하고자 했다. 그곳에 신성한 존재가 있다고 믿었기 때문이다. 신적인 존재는 우리가 추구하는 존재의 근원으로 간주되었다. 단순하고 명백한 논리였다. 만일 내가 존재의 일부, 에너지, 그리고 순수함을 상실했다면 존재의 근원이 있는 장소를 찾아감으로써 회복을 시도할 것이다.

　이러한 논리는 지속적으로 작동한다. 과거와 오늘의 차이는 '존재'의 근원이 어디에 있는가에 대한 이해, 즉 다름에 있다. 사람들이 우울할 때 어디를 찾는가? 질문에 대한 답은 한결같이 '백화점'이다. 소비 문화는 사람들이 쇼핑하기를 즐긴다는 생각 이상의 것이다. 사람들은 자신의 욕망과 인정받음의 필요성을 다른 사람들이 욕망하는 상품 소비를 통해 이룬다. 그래서 사람들은 자신의 잃어버린 존재성을 되찾기 위해 백화점을 찾는다.

　나는 이 질문을 할 때 사람들에게 과거 교회와 오늘날의 백화점 내부 사진을 함께 보여준다. 사람들은 두 장의 사진에 보이는 건축학적 유사함에 놀라곤 한다. 그런데 그리 놀랄 일은 아니다. 교회와 백화점은 기능 면에서 비슷하기 때문이다.

　백화점이 '소비의 성전'임을 깨닫는 데는 많은 시간이 필요치 않다. 백화점의 영적인 모습은 한 부분을 이루고 있다. 영성은 근본적으로 인간의 영원을 다룬다. 영적 지도자들은 영원의 경험, 환상, 계시를 받아서 그들이 살고 있던 사회의 주도적인 사상과 외형적인 모습, 제도를 넘어 존재의 실현을 위한 길을 깨달은 인물이다. 그래서 과거 위대한 영적 지도자들은 모방적 욕망, 소유의 욕망들에 반해 대안적인 삶의 스타일을 제시하고 가르쳤다.

영적 지도자들과 영성은 자본주의 사회와 어울리지 않을 뿐만 아니라 외면당한다. 그러나 사회에서 추방하고 외면한다고 문제가 해결되는 것은 아니다. 인간의 욕망은 영적인 문제를 포함하기 때문이다.

광고와 마케팅은 삶의 영적인 측면이 간과되지 않는다. 필립 코틀러 같은 광고계의 거장들은 상표의 영적 차원을 언급한다. 그들은 마케팅을 세 단계로 구분한다. 첫 번째는 마케팅 1.0단계이다. 이 단계는 자신이 제공하는 상품이 다른 유사 상품과 비교해서 우위에 있음을 홍보한다. 두 번째는 마케팅 2.0의 단계이다. 자신의 상품과 소비자들 사이의 감정적인 차원을 다룬다. 그리고 마지막으로 마케팅 3.0단계에 접어든다. 이 단계에서 마케팅 담당자는 자신의 상품에 영적인 부분을 덧붙이게 된다. 상품과의 관계에서 충성심을 유발하는 데 힘을 기울인다.

물론 마케팅 담당자들이 초월적인 세계를 언급하면서 영적인 차원을 만들어내는 것도, 인간의 영적인 차원만을 의미하는 것도 아니다. 큰 차이는 없다. 우리의 성찰은 신의 존재 혹은 초월적 세계에 대한 언급 없이 존재를 향한 인간의 추구에 대한 것이었다. 종교적 영성은 보다 광범위한 의미에서 존재에 대한 추구, 혹은 존재를 뛰어넘는 영역에 속하려는 감정을 다루는 것이다.

끝없는 욕망

소비 문화에서 간과할 수 없는 근본적인 측면이 하나 있다. 이것은 자본주의를 유지하게 하는 필수 도구이기도 하다. 마이클 앨버트는 자본주의자들에게 "이익 창출은 왜?"라는 질문은 해서는 안 된다고 경고했다. 이익은 더 많은 이익을 창출하기 위해 존재한다. 자본주의에서는 절대적 교리이다. 이익 창출에는 한계가 없다. 배경에는 정치, 사회, 정치적 엘리트들의 권력, 지배, 그리고 '존재' 실현을 향한 끝없는 욕망이 자리 잡고 있기 때문이다. 더 많은 이익 창출을 위한 논리는 소비자들이 지속적으로 끝없는 소비에 매달리게 될 때 가능한 논리이다. 소비 문화에서 '이제는 충분하다'는 개념은 존재하지 않는다.

전근대사회 문화는 인간의 한계에 대한 인식을 강조했다. 욕망의 한계는 당연한 것으로 받아들여졌다. 자본주의 확장과 견고함을 위하여 전근대적 개념의 변화는 필연적이었다. 근대사회는 존재와 충분하다는 개념을 인간의 욕망이 충족될 수 있다는 약속으로 대치시켰다. 아직 충족되지 못한 욕망이 있다면 '이제는 충분하다'의 개념은 설 자리를 잃는다. 우리에게 충족은 멀다. 우리는 계속해서 욕망한다.

"기술의 발전은 부의 무한한 축적을 가능케 한다. 지속적으로 증가하는 인간의 욕망을 충족시켜줄 수 있다"는 후쿠야마의 주장은 현대 자본주의 옹호자들의 주장과 그들의 달콤한 약속을 요약적으로 표현하는 말이다. 이들의 주장은 우리에게 변하지 않는, 깨지지 않는 진리와 같다. 욕망 충족은 인간의 최종 목표로 자리 잡았으며 그것은 개인이 자신의 삶에서 실현해야 할 의무가 되었다. 어떤 사람들은 이 약속이 진리처럼 받아들이는 것을 사람들이 자본주의 약속에 대해 이의를 제기하지 않고 토론하기를 회피하기 때문이라고 말한다. 여기에 자본주의의 비밀이 있다. 이 주제에 대해 어느 누구도 이의를 제기하지 않는다는 것이다.

그것은 현실을 해석하는 데 공리와 같은 기본적인 원리로 자리매김하고 있고, 개인이나 공동체 삶에서 중요한 결단을 내릴 때 참조하는 원리로 간주된다. 아무도 이의를 제기하지 않고 그것을 당연한 것으로 받아들인다. 이러한 전제를 공유하지 않는 사람만이 이 주제를 토론하고자 하며 이의를 제기할 것이다.

모든 욕망의 충족, 특히 소비 욕망의 추구는 다양한 이유로 끝없는 질주와 같다. 도착점이 없기 때문이다. 부의 무한한 축적, 소비의 무한한 욕망을 향해 달리는 질주는 도착점이라 생각하는 지점에 가까이 다가갈수록 점점 더 멀어져 간다. 인간의 욕망은 무한정하기 때문이다. 그래서 부의 무한한 축적과 욕망의 대상 소유만이 우리의 욕망 충족을 이룰 수 있다.

욕망의 역동성

자본주의의 약속은 정확하다. 인간의 무한한 욕망을 충족시키기 위하여 무한한 양의 대상을 소유할 수 있는 도구를 제공해준다는 측면에서 말이다. 하지만 무한함에 도달할 수 있다는 점에서는 틀린 말이다. 욕망은 특정 대상을 향한 것이 아니다. 우리는 삶의 모델이 소유하거나 욕망하는 것을 욕망한다. 욕망의 모델, 다른 모델을 모방하면서 지속적으로 새로운 대상을 향해 욕망한다. 우리가 모방을 통해 욕망하는 것을 이루었을 때 우리는 더 이상 그것을 욕망하지 않으며 이미 다른 것을 욕망하고 있다는 현실을 직면하게 된다. 광고가 새로운 대상을 끊임없이 창조하는 건 당연하다. 그들은 소비자의 관심을 불러일으킬 만한 새로운 상품을 시장에 제공한다. 소비자들의 욕망을 불러일으키려고 한다.

우리는 기억해야 한다. 모방의 역동성은 자본주의의 작품이 아니라는 것이다. 그것은 인간의 한 부분이며 관계에서 발생하는 것임을 기억해야 한다. 자본주의와 소비 문화는 욕망의 모든 에너지를 소비 욕망으로 바꾸게 만드는 강력한 통로와 채널이 되고 있다. 욕망의 에너지는 자본주의에서 돈 만드는 기계의 노예가 되어버린다.

욕망의 역동성은 무한한 부의 축적, 자본주의의 잘못된 꿈에게 자양분을 제공한다. 이러한 결과 중 하나가 인류가 당면하고 있는 환경 파괴 문제이다. 무한한 부의 축적은 나름대로 논리를 가진다. 그러나 그 이론은 자연 세계가 갖는 한계와 정면으로 충돌하며 환경 파괴라는 결과로 나타난다. 그렇기에 인류에 있어서 심각한 위기이고 중요하게 다루어야 할 주제이다. 그래서 우리는 진지하게 성찰해야 한다. 자본주의가 제시하는 방법과 길을 통해서는 어느 누구도 자신이 바라는 도착점에 도달할 수 없기에 끝없는 질주인 것이다.

자본가, 노동자, 부자, 가난한 사람 등 모든 사람들이 행복한 삶을 살기 바란다. 편안한 삶과 서로가 서로를 인정하는 관계 안에서 살기 바란다. '존재'의 욕망이 충족되면서 살아가기 위해서는 경제적 조건과 풍부한 물질을 소유해야 한다. 그리고 소유가 존재와 동일하지 않다는 것도 알고 있어야 한다.

그러나 모든 걸 알고 있음에도 소비 문화는 그의 소비 능력에 따라 인정받도록 만들어가고 있다. 소비 능력이 보이는 사람을 존중하도록 한다. 소비의 길을 가는 것 외에 다른 길은 없는 것처럼 보인다. 이 길은 허무라는 심연으로 우리를 빠뜨린다. 자연을 파괴하고 삶을 망가뜨린다.

부자들도 그들의 소비 강박과 염려로부터 자유롭지 못하다. 아무리 많은 것을 소유한다 해도 만족하지 못하며 계속해서 자신의 부를 늘리기 위해 노력한다. 그것은 노동자들의 착취로 인한 고통을 아무렇지 않게 생각하며, 사사로운 이익을 위해 정부의 공적 기재들을 이용하는 것도 서슴치 않게 한다. 그래서 과거에 부는 악으로 간주되었다. 그러나 오늘날엔 고귀하고 뛰어난 덕으로 간주되고 있다.

가난한 사람들은 못난 사람과 실패한 사람으로 취급된다. 그들은 경쟁력이 없기 때문에 사회에서 인간의 존엄성과 권리를 인정받을 수 없다. 그래서 가난한 사람들이 당면하는 문제는 사회에서 우선시되지 않는다. 부자와 가난한 사람의 차이를 고려하더라도, 이 같은 문화에 살아가는 모든 사람들은 죄책감을 느낀다. 사회가 원활하게 돌아가기 위한 충분한 소비를 하지 못한다는 죄책감 때문이다.

'충분한 소비'는 역설적인 말이다. 충분하다는 표현은 무한함에 도달해야 한다는 의미를 내포하기 때문이다. 우리는 충분하다는 개념을 용납하지 않는 사회에 살고 있다. 사회는 무한한 부의 축적을 목표로 한다.

그래서 개인은 자신이 충분하다고 생각하는 최소한의 성공을 거두게 될 때 죄책감에서 벗어나 자유로움을 느낄 수 있다. 그런데 '충분하다. 이만하면 됐다'의 한계에는 지침이 없기 때문에 개인이 아무리 많은 소비를 해도 죄책감에서 온전히 자유로워지지 못한다.

　죄책감은 가난한 이들에게 더욱 무겁게 다가온다. 그들
은 소비 생활에서 실패감을 느끼게 될 것이다. 그리고 그것
을 넘어 자녀들의 소비 욕망을 실현해 줄 수 없다는 무능력
함에 또 한 번 죄책감을 느낀다.

　대중매체에 의해 조장되는 욕망의 사회화는 소비를 위
한 돈을 갖고 있느냐 없느냐를 막론하여 모든 사람에게 영
향을 미친다. 지독한 죄책감은 사람들의 어깨를 짓누르고
심리적 짐은 그들의 육체를 구부러지게 만든다. 슬픈 점은
죄책감은 정당한 게 아니라는 사실이다.

욕망과 경쟁

발터 벤야민은 그의 책《종교로서의 자본주의》에서 "자본주의는 전통적인 종교로 자리매김했다. 그리고 과거에 종교가 담당하던 사회적 기능을 수행하고 있다. 이 같은 형태의 새로운 종교는 한없는 죄책감과 구원도, 실패도 없다는 가르침을 중심으로 형성되고 있다"고 말했다.

　욕망 실현에 얼마나 가까이 갔는지 판단할 객관적인 기준의 부재는, 불자가 참선 행위를 통해 얼마나 인내의 경지에 이르게 되었는지, 사회 혁명가가 정의로운 사회 건설을 위해 투쟁했을 때 그들이 이룩한 성과에 대해 어떤 점수를 매길 수 있는지에 대한 평가 문제로 귀결된다. 이 평가는 다른 사람들에 의해서만 가능하다.

다른 측면으로 말하면 다른 사람들은 나의 성과를 판단할 수 있는 재판관이 될 수 없다. 그들은 모방 욕망의 현장에서 나와 경쟁하는 사람이기 때문이다. 그런데 나는 내 성과를 인정받기 바란다. 아무나가 아니라 내가 존경하고 모방하고자 하는 사람들에게 인정받기 원한다.

바로 여기에서 문제가 발생한다. 나는 나와 똑같은 욕망을 갖는 사람들에게서 인정받고자 하는 것이다. 나는 경쟁자들에게 승리자로 인정받을 때 욕망 실현의 길에서 일취월장한다는 걸 느낀다. 경쟁자들이 부러워할수록 내가 발전한다는 것을 알게 된다. 나는 욕망하는 존재나 사람들의 존경이 아닌, 나를 향한 부러움을 불러일으키고자 한다. 부러움은 성공적인 삶을 살고 있다는 자부심을 갖게 만든다.

다누사 레옹Danusa Leao은 브라질 상류 사회의 모습을 글로 쓰는 사람이다. 다누사는 "내가 마돈나와 함께 저녁식사를 했는데 그 사실을 아무도 모른다면 견딜 수 있겠는가? 당연히 견딜 수 없다"고 말했다. 화려한 보석으로 치장하고 고급 승용차를 타고 TV에 나온다 해도 주위 사람들, 특히 자신의 적이 그 사실을 알지 못하면 무슨 의미가 있을까? 사람들이 나에 대해 언급하고 부러워하는 것, 또 다른 사람들이 화를 내고 분노하는 것, 그것이 삶의 가치를 스스로 평가하게 만든다.

시기를 불러일으키는 일이 도덕적인 것인지 부도덕한 것인지 토론하는 것이 아니다. 중요한 건 경쟁 승리를 통해 자기실현을 추구하는 논리적 모순을 밝혀내는 것이다. 이러한 논의는 인정받음을 위한 경쟁의 시작을 의미한다. 우리는 이전 글에서 이 문제를 성찰했다. 다른 사람에게 인정받기 원하는 건 스스로 통제할 능력이 없음을 깨닫는 것이다.

우리를 만족하게 하는 인정받음은 자유롭고 자주적으로 주어진다. 하지만 사회가 완전하게 자율적으로 기능하는 것은 아니다. 사회는 조직을 위해 제정된 규칙과 법에 의해 운영된다. 그래서 서로의 존중과 인정을 이끌어 내기 위한 고유 법칙을 제정하기에 이른다.

자본주의는 내가 인정하는 사람에게서 감탄과 부러움을 불러일으킬 때 비로소 인정받는 것임을 알게 된다. 즉 나의 욕망 수준에 맞는 사람에게서 나오는 부러움을 추구한다는 것이다. 여기에 중요한 포인트가 있다. 타인의 부러움을 산다는 게 욕망의 경쟁에서 승리를 거두었다는 것으로 확신한다는 점이다.

　　승리 후에 갖는 인정받음은 다른 사람이 나로 인해 패배했다는 것에 대한 인정이다. 그러므로 나는 그 사람을 더 이상 인정하거나 존중하지 않게 된다. 나를 만족하게 하는 인정받음은 나와 비슷한 사람 혹은 나보다 우월한 사람에게서 나오는 인정이다. 그렇기에 나를 향한 부러움은 내가 부러워하는 사람들에게서 나오는 인정받음의 욕망을 충분히 만족시켜줄 수 없다.

　　그래서 나는 또 다시 경쟁구도에 빠져들게 된다. 이러한 논리 안에서 한 번의 승리와 패배는 중요하지 않다. 그것은 나를 불만족스럽게 만들고 또 다시 새로운 것을 쟁취하기 위한 경쟁으로 몰고 가기 때문이다. 이 논리는 많은 이익 창출을 목표로 삼는 사회 체제에서 이상적이다. 하지만 이 같은 미로(인정받음의 추구와 현재의 자본주의적 문화 법칙을 따르는 광적이고 모순적인 욕망의 미로)에서 **빠져나올** 수 없다면, 우리는 무엇을 원하는지도 모르는 소비욕에 시달릴 것이다. 또한 불가능한 의무를 이행하지 못한다는 죄책감에서 자유롭지 못할 것이다.

욕망의 모델

록펠러 가문의 한 사람이자 자본주의의 아이콘인 데이비드 록펠러는 부모님 집에서 지내던 어린 시절을 회상하며 이렇게 말했다.

"나는 루이스와 집에서 일하는 몇몇 일꾼들의 자녀 외에는 함께 지내는 친구가 별로 없었다. 주말에 친구들을 집으로 부르긴 했지만 대체로 혼자 지냈다. 내가 살던 집은 어린아이에게는 천국 같았다. 열 살이 되었을 때 부모님은 애

비튼 롯지Abeyton Lodge의 높은 언덕에 체육관, 실내 수영장, 볼링장, 그리고 스쿼시 코트 등을 갖춘 거대한 놀이터를 지었다. 집에는 뛰어놀 만한 장소가 많았다. 하지만 그 넓은 곳에서 대부분 혼자 놀았고 주말에는 방문하는 개인교사와 놀았다."

언덕에 끝없이 펼쳐진 놀이터가 있는 집! 훌륭하고 좋은 집일 것이다. 그런 집을 어떤 아이가 부러워하지 않을까? 아이들에게는 천국이 아닐 수 없다. 그런데 천국이 무엇인가? 천국은 가슴 깊은 곳에서 바라는 장소를 상징적으로 표현한 곳이다.

시대에 따라 각기 다른 천국에 대한 이미지를 만들어왔다. 여기에서 말하는 천국은 넓은 장소와 놀이기구이다. 그 집은 최고를 물질화한 의미에서의 천국이다. 다시 말해 삶의 최고 목표, 부의 무한한 축적을 일시적으로 실현한 천국을 의미한다. 천국은 개인이나 공동체의 궁극적인 목표인 온전한 삶을 표현하는 말이다.

하지만 주시할 점은 데이비드가 누리고 살았던 천국은 외로운 천국이었다는 것이다. "주말에 가끔 친구들을 부르

긴 했지만 대체로 혼자 지냈다"는 데이비드의 고백에 귀를 기울여보라.

그런데도 그 집은 천국으로 보여졌다. 어린 록펠러, 혹은 성인 록펠러의 머릿속에는 자본주의적 사고방식이 자리 잡고 있었다. 그에게 중요한 것은 다른 아이들과의 사이에서 발생하는 관계가 아니었다. 그 집의 풍요로움과 셀 수 없이 많은 장난감이었다. 친구들과 노는 관계보다 천국에서 느끼는 고독을 선호했다는 것이다. 천국이라 생각했던 그 집이 아이에게는 ― 진정한 의미에서 ― 좋은 것이 아니었다는 것을 데이비드도 인정했다.

그는 다음과 같이 말했다.

"나는 아이들과 달리 결코 어떤 그룹에도 속하지 못했다. 아이들은 자신의 부모와 함께 실 하버Seal Harbor에서 여름을 보내곤 했다. 나는 부모님이 보낸 몇몇 프랑스 가정교사들과 공부했는데 그땐 인생에서 얼마나 많은 것을 잃고 있는지 깨닫지 못했다. 교사들은 나를 즐겁게 해주려고 노력했지만 그들은 내 나이대 아이들에게 어울리지 않는 대용품에 불과했다."

그는 어린 시절의 중요한 경험을 잃어버렸다. 친구들과 노는 기쁨을 상실했다. 화려한 고급 주택, 고가의 장난감. 교사들은 어린아이가 또래 친구와 어울릴 때 느끼는 행복을 대치할 수 없다. 만일 데이비드가 진정으로 인간관계의 중요성을 깨닫고 물질이 도구로서 갖는 기능(장난감은 친구들과 함께 놀기 위해 존재한다)을 제대로 이해했다면 그는 화려한 집이 천국이었다고 말하지 않았을 것이다.

그의 기억은 두 가지 문화와 가치관 사이에서 분열하고 있음을 보여준다. 하나는 무한한 부의 축척 추구와 경제적 가치를 삶의 판단 기준으로 삼는 '자본주의 문화'이며, 우리의 삶에 보다 중요한 것과 의미 있는 것이 존재한다는 '인간적 가치관'이다. 그가 내면에서 보여주는 이 같은 모순은 아버지와의 관계를 언급할 때 분명하게 드러난다.

"내가 열아홉 살 때 처음으로 아버지와 단 둘이 있게 되었다. 아버지와 난 매우 편안한 상태였다. 아버지는 자신의 어린 시절 이야기를 해주었다. 그 순간은 아버지와 함께 있었던 시간 중 가장 좋은 순간이었다."

데이비드의 아버지는 그가 열아홉 살이 되기 전까지 그

가 바라는 모든 것들을 제공해주었을 것이다. 그러나 데이비드와 함께 시간을 보내지는 않았다. 그래서 아버지와 함께 놀았던 그 시간이 일생에서 가장 좋았던 시간으로 기억되는 것이다.

그 순간은 아버지가 재산을 물려주었을 때보다 중요한 순간이었다. 아버지와 아들 모두 마음의 여유가 있었고 아버지는 마음을 열고 자신의 어린 시절을 자유롭게 이야기했기 때문이다. 아버지는 아들에게 자신의 어린 시절에 대해 이야기해주면서 그의 눈물, 좌절, 슬픔 등 감성적인 이야기를 많이 해주었을 거라고 우리는 상상할 수 있다.

그의 아버지는 그날 열린 마음으로 자신과 이야기를 나누었다고 한다. 이러한 기억은 데이비드 자신도 자본주의 사회를 움직이게 하는 최고의 목표(무한한 부의 축적)와 가치에 대해 의구심을 품고 있었다는 것을 분명하게 보여준다.

우울하고 외로운 집이 천국이라면 그것은 진정한 의미의 천국이 아닐 것이다. 더 많은 돈과 부의 축적을 추구하는 것은 삶의 목표로 적절치 않다. 친구들을 외면하고 주변 사람들만 의식하는 삶, 부러움과 시샘을 불러일으키기 위해 투쟁하는 것이라면, 슬프고 외롭지 않을까?

이제 우리 삶의 새로운 길을 모색해야 할 필요가 있다.

에필로그
욕망을 변화시켜야 하는 이유

쇼핑을 하려고 여섯 살인 딸과 차를 타고 가던 중이었다. 나는 쇼핑과 더불어 드라이브를 즐기려고 했고, 기대하지 않았던 아빠와의 드라이브로 흥분한 딸이 말했다.

"아빠, 장난감을 많이 갖고 싶어요."

그 말은 당시 TV 광고를 통해 아이들에게 유행하던 표현이었다. 나는 딸에게 소비주의의 악습에 대해 설교해야겠다는 유혹을 억눌렀다. 어린아이가 그 말을 이해할 리 만무

했다. 하지만 딸에게 물었다.

"너는 같이 놀아줄 친구가 없어도 많은 장난감을 가질 수 있다면 장난감을 갖고 싶니 아니면 함께 놀 친구를 갖고 싶니?"

딸은 답을 찾지 못하고 침묵했다. 예기치 않은 질문에 당황했을지도 모른다. "그래, 장난감 사줄게" 혹은 "아빠가 사주고 싶지만 지금은 돈이 없으니 다음에 사줄게" 식의 답을 기다렸는지도 모른다.

'돈이 없어서 사줄 수 없다'는 부정적 답변은 욕망에 대해서는 긍정적인 답이기도 하다. 마치 "당신의 욕망은 정당한 것이지만 충분한 돈이 없기 때문에 신의 욕망을 실현해줄 수 없다"고 말하는 것과 같다. 그렇게 함으로써 아이는 욕망 실현에 장애가 되는 것이 돈의 부족이라는 것을 배우면서 자라게 된다.

딸은 오래 침묵한 후 대답했다.

"아빠, 장난감 몇 개랑 함께 놀 친구 둘 다를 원해요."

아마 딸은 두 가지 상황을 염두에 두었을 것이다.

첫째, 많은 장난감을 소유하고 있는 상황 둘째, 몇 개의 장난감, 그리고 친구들과 함께 있는 상황이다. 그리고 어떤 상황이 더 좋은지를 비교해보면서 고민했을 것이다.

더 많은 장난감을(혹은 욕망의 또 다른 대상) 소유할 수 있다는 것은 매우 유혹적이다. 더욱이 딸은 혼자 논다는 의미를 잘 알고 있었다. 동생과 나이 차가 있어 늘 혼자 지냈기 때문이다. 딸이 상상했던 두 번째 모습은 장난감은 없지만 함께 놀아 줄 친구가 있는 상황이다. 딸은 많은 생각 끝에 나름의 결론에 이르게 되었다.

부富와 우정 중 하나를 선택한다는 것은 쉬운 결정이 아니다. 역사는 그것이 쉬운 것이 아님을 우리에게 가르쳐준다. 그것이 자본주의 사회에서 이루어지는 일이라면 더욱 그렇다. 소비 문화에서 선택의 저울은 부를 향해 기울어져 있다. 부의 축적을 선택하면서 이것이 더 많은 친구를 가져올 것이라고 생각한다. 그러나 이 경우 주위에 있는 친구들이 진정한 친구인지, 부에 의해 몰려온 사람인지 알 수 없다는 문제가 있다.

딸에게 했던 질문은 소유 문화의 가치관을 선택할 것인가 그렇지 않을 것인가에 대한 것이었다. 나는 딸이 현명한 선택을 했다고 생각한다. 장난감은 갖고 놀기 위해 존재하는 것이다. 그리고 논다는 것은 여러 사람이 함께 어울려 놀 때 가장 즐겁다. 많은 장난감을 소유하고자 하는 아이는 지나친 소유욕으로 인해 다른 아이들과 어울려 노는 데 어려움을 겪을 수도 있다. 그리고 아이는 장난감을 앞에 두고 어떤 장난감을 가지고 놀지 결정하는 데 많은 시간을 소비하게 될 것이다.

축적에 대한 욕구와 우정의 공존은 어울리지 않는다. 필요를 넘어서는 부를 축적하고자 하는 욕구는 다른 사람보다 자신을 '우월한' 위치에 놓고자 하는 욕구와 직결된다. 그리고 그것은 자신을 향한 부러움을 불러일으키게 하는 욕구를 자극하게 만든다. 자신을 향한 다른 사람들의 질투와 부러움은 우정을 파괴하는 요소로 작용한다.

우정은 욕구와 다른 모습을 지닌다. 친구가 된다는 건 삶에서 가질 수 있는 기쁨 중 하나다. 우정은 우리 안에 질투와 시샘을 불러일으키지 않는다. 친구가 된다는 건 다른 사람의 기쁨을 나의 기쁨으로, 그의 슬픔을 나의 슬픔으로 함께 느끼는 것이다. 우정은 다른 사람의 행복을 바라는 것이며 인간관계에서 발생하는 여러 갈등과 질투 문제를 극복하게 만드는 능력이다. 우정은 갈등과 질투의 발생을 원천적으로 봉쇄하지는 못하지만 좋은 인간관계를 파괴하는 감정을 극복하게 만드는 능력과 힘을 준다.

친구 사이에는 우월감과 열등감이 존재하지 않는다. 사회적 계급, 성별 혹은 피부색이 문제되지 않는다. 우정에서 중요한 것은 부의 축적 정도, (가부장적 사회에서)남성의 우월적 지위, 혹은 (인종 차별적 사회에서) 피부색이 아니라 서로를 향한 대가를 바라지 않는 '존중'이다.

우리는 우정을 통해 친구를 사회 계급 혹은 선입견에 의한 존재가 아니라 인간 그 자체로 여긴다. 관계를 통해 삶에서 중요한 요소로 작용하는, 서로 간의 존중과 인정을 경험함으로써 매 순간 인간다운 인간이 되어간다. 이런 의미에서 장난감보다 친구를 선택한 딸의 결정은 최선이었다. 물론 딸이 답한 것이 그녀가 욕망의 문제를 어떻게 해결할지 확고한 신념을 가지고 있었다는 걸 의미하진 않는다.

우리는 대중매체를 통한 광고, 사회적 압력, 존재가 갖고 있는 욕망과 사회적 요구로 충족할 수 없는 끝없는 욕망을 갖는 것을 인정한다. 만족을 모르는 욕망은 점차 불안과 좌절의 세계로 빠져들게 만든다. 또한 개인적인 문제를 넘어 현재 당면한 환경 위기를 초래하는 중요 원인 중 하나로 간주된다. 많은 사람들이 환경의 위기와 위험성을 깨닫고 있지만 여전히 소비 문화에서 벗어나지 못한 채 욕망에 사로잡힌 삶을 살아간다. 우리는 무의식적으로 부자들, 혹은 상류층의 소비 문화를 모방해 자기실현을 시도하는 자신을 발견한다.

프로이트가 지적했듯, 매일의 삶을 결정하는 요소는 의식이 아니라 무의식이다. 만일 개인이나 사회 문제 해결에 있어 이성적인 대화를 중요하게 여기지 않는다면 이 책은 아무 의미를 갖지 못할 것이다. 이성만 가지고는 충분하지 않다. 바람직한 이성은 스스로의 한계를 인정할 줄 아는 사람이다.

우리는 개인과 사회 곳곳에 침윤된 욕망을 변화시켜야 한다. 우리는 자유로운 존재이지만 우리가 원하거나 상상하는 모든 것을 할 수는 없다. 우리는 자유 의지를 가지고 있다. 그것은 삶의 모델을 선택할 수 있는 자유, 즉 어떤 삶을 살지 선택할 수 있는 자유이다. 어쩔 수 없이 그것을 원한다면 자유로운 인간이라고 말할 수 없다. 그런 삶은 본능에 의존하는, 욕망의 노예로 살아가는 존재일 뿐이다.

자본주의의 대안으로 과거로 돌아가는 건 가능하지 않다. 그러나 과거 현자들로부터 우리가 잊고 있었던 중요한 가르침을 배울 수 있고, 그것들을 회복해야 한다고 믿는다. 또 역사를 통해, 선조들의 지혜를 통해 배워야 한다고 믿는다. 문명의 발달은 삶의 모습을 빠르게 변화시키지만 인간의 욕망은 그러한 속도로 변화되지 않으며 심지어 변화되지 않기도 한다.

이 책을 통해 만족할 만한 답변이나 근본적인 해결을 찾지 못할 수도 있다. 그러나 '친구됨'의 의미를 함께 배워가는 사람들로부터, 대가를 바라지 않고 서로를 존중하는 사람들과 동행하는 삶에서 찾아지는 것임을 깨닫게 될 것이다. 이렇게 살아갈 수 있다면 우리는 가치 있는 삶을 살게 될 것이고 이 세상도 보다 나은 세계로 변화될 것이다.

옮긴이의 말

2008년, 미국 발 서브프라임의 부실로 시작된 국제금융경제 위기는 우리 사회를 강타했다. 사람들은 위기의 원인을 여러 측면으로 분석했는데 경제학자들이 내놓은 원인 중 흥미로운 것이 있었다. 금융 위기의 배후에 '탐욕'이 있다는 것이다.

한국개발연구원 유종일 교수는 테리 버남Terry Burnam의 책을 인용하며 "탐욕은 이성적 판단보다 충동적 선택을 하게 만드는 원초적 감정 중 하나로, 탐욕이 지배하는 금융시장에서 실제 행동을 연구한 결과 지극히 비합리적 선택을 하는 것으로 밝혀졌다. 탐욕과 공포에 입각한 충동적 선택이 금융시장의 '광기, 패닉, 붕괴'의 역사를 만들었다"고 말했다.

탐욕, 즉 욕망은 삶을 극단적으로 몰아넣을 수 있는 중요한 주제이다. 이 책은 우리의 '욕망'을 이야기한다. 그리고 욕망이 사회적, 역사적 과정을 거쳐 어떻게 실존적인 문제로 나타나는지를 다룬다. 이 책을 읽다 보면 인간 존재와 불가분의 관계에 있는 욕망의 실체를 보게 될 것이다. 또한 욕망을 어떻게 다룰 수 있는지, 욕망에 지배당하는 삶이 아니라 인간다운 사회를 만들어 가고자 하는 대안이 무엇인지 고민하게 될 것이다.

이 책의 저자인 성정모 목사는 오래전 브라질로 이민을 갔다. 나 또한 43년 전 가족과 함께 남미 파라과이로 이민을 갔다. 타국에서 이민자로 살았다는 점에서 그와 내가 비슷한 삶을 살았는지도 모른다. 그래서일까. 우리는 20여 년 전 부에노스아이레스에서 처음 만났을 때부터 왠지 모를 친밀감을 느꼈고 이후 생각을 나누는 친구가 되었다.

《욕망사회》는 포르투갈어로 쓴 글을 한국어로 처음 번역한 책이다. 이 책을 번역하게 된 건 이루 말할 수 없는 기쁨이었다. 이런 기쁨을 독자들도 같이 느꼈으면 좋겠다. 물론 독자들이 만족할 만한 답과 근본적인 해결책을 찾지 못

옮긴이의 말

할 수도 있다. 하지만 저자가 결론에서 말한 것처럼 "우리의 눈과 귀를 열어둔다면, 그 해결책은 '친구됨'의 의미를 함께 배워나가는 사람들로부터, 그리고 대가를 바라지 않는 서로를 존중하는 사람들과 동행하는 삶에서 찾아지는 것"임을 깨닫게 될 것이다.

홍인식

추천사

조현(한겨레 종교전문기자 겸 논설위원)

기자란 수많은 사람을 만나는 직업이다. 국내외에서 만난 인물 중 성정모 교수는 근래 가장 깊은 인상을 준 사람이었다. 2년 전 브라질 상파울루에서 가진 우리의 첫 만남은 계획한 두 시간을 넘어 온종일 계속됐는데, 마르지 않는 오아시스처럼 쏟아지는 성 교수의 지적 샘물에 시간 가는 줄을 몰랐다.

   그는 한국이 낳은 세계적인 해방신학자다. 가난하고 소외된 사람들과 함께하겠다는 사랑으로 남미에서 태동한 해방신학은 이 신학의 영향을 받은 프란치스코 교황의 등장으로 주목받고 있다. 성 교수는 상파울루 최고 빈민촌의 하나인 산마르티네스 교회(거룩한 순교자의 교회)에서 성직자와 사회운동가들의 공부 모임을 이끌어왔다. 뿐만 아니라 상파울루에서 가장 저명한 목사로 떠오르는 이바브 침례교회의 키리츠 목사 등 많은 성직자와 학자들이 스승으로 모시는 인물이다. 그런데도 그는 자애롭고 인간적이며 소박했고 겸손했다. 또 '정의로운 사람들'이 갖기 쉬운 일도양단의 이분법으로 세상을 단순화시키지도 않았다.

저자는 욕망사회가 욕망의 모방 또는 전염에 의한 것이라고 말한다. 타인이 욕망하는 것을 따라 욕망하면서 서로 더 많이 가지기 위한 폭력과 전쟁을 낳는다는 것이다. 인류가 이로 인한 불행에서 벗어나려면 최악의 불평등한 경제구조를 바꿀 뿐만 아니라 인간 개개인도 욕망을 극복해야한다고 강조한다. 나는 그가 "무언가 꼭 성공해야만 하는 것이 아니라, 실패에도 불구하고 하나님의 뜻을 실현하기 위해 끊임없이 노력해가는 것"이라고 말할 때, 더할 나위 없는 인간의 향기를 느꼈다. 이 책을 통해 많은 이들이 상품과 욕망의 노예에서 벗어나 삶의 주인으로 깨어날 수 있기를 기대한다.

욕망사회-자본주의 시대 욕망의 이면
©성정모 2016

초판 1쇄 인쇄 2016년 12월 4일
초판 1쇄 발행 2016년 12월 9일

지은이   성정모
옮긴이   홍인식
펴낸이   이기섭
편집인   김수영
기획편집   오해영 이미아 최선혜
본문사진   최현주
마케팅   조재성 정윤성 한성진 정영은 박신영
경영지원   김미란 장혜정

펴낸곳 한겨레출판(주) www.hanibook.co.kr
등록 2006년 1월 4일 제313-2006-00003호
주소 서울시 마포구 효창목길 6(공덕동) 한겨레신문사 4층
전화 02-6383-1602~3   팩스 02-6383-1610
대표메일 happylife@hanibook.co.kr

ISBN 979-11-6040-024-3 03100